U0106546

JPC

A History of Chinese Clothing

中國服飾史

沈從文　王孖……著

謹以此書紀念中國服飾文化研究奠基人
沈從文先生和他的助手王㐨先生。

Contents

目次

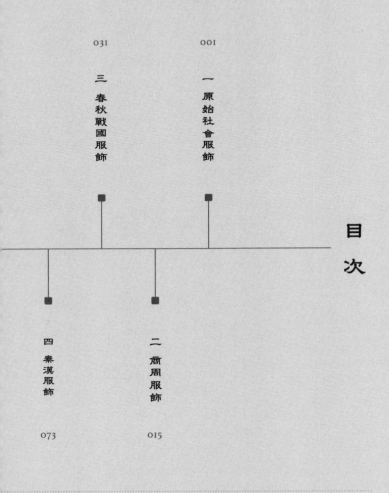

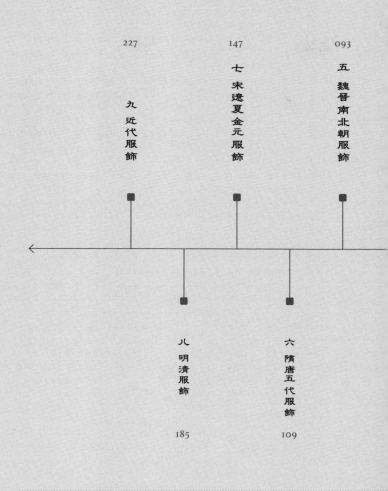

Chapter I

一 原始社會服飾

中國服飾文化，從原始社會、商周、春秋戰國，到秦漢、魏晉南北朝，到隋唐五代、宋遼夏金元，直到明清以及近代，都以鮮明特色為世界所矚目。

中國服飾歷史源流，古書典籍中留下了種種傳說。關於衣服的發明，或許不免附會，像對待遠古其他事物的創始一樣，照例要歸功於三皇五帝。戰國時人撰寫的《呂氏春秋》、《世本》提到，黃帝、胡曹或伯余創造了衣裳。及稍晚的《淮南子》敘述更為具體：「伯余之初作衣也，緂麻索縷[1]，手經指掛，其成猶網羅。後世為之機杼勝複，以便其用，而民得以揜形[2]禦寒。」若從出土文物方面考察，歷史發展到能夠生產出專供做服裝的材料——紡織品時，以獸皮為基本材料的「原始服飾」可能早已自成規模，中國服飾的源頭可以上溯到原始社會舊石器時代晚期。

1 **緂麻索縷**：緂麻，搓麻；索縷，捻綫。《淮南子》又記「剡麻考縷」。搓麻捻綫編織成物，表明先民們第一件衣服是麻布做的。

2 **揜形**：揜即掩，揜（掩）形即蔽覆身體。

舊石器時代，採集和漁獵是人們的衣食之源。在北京周口店山頂洞人[1]遺址中，發現有與服飾關係密切的一枚骨針和一百四十一件鑽孔的石、骨、貝、牙裝飾品。骨針長約八十二毫米，通體磨光，針孔窄小，針尖尖銳，證實山頂洞人在距今大約兩萬年時，已能利用獸皮一類

1 **山頂洞人**：舊石器時代晚期的人類化石，因發現於北京周口店猿人遺址的頂部山洞而得名，一九三三年出土。與人類化石一起出土了石器、骨角器和穿孔飾物，並發現了中國迄今所知最早的埋葬。

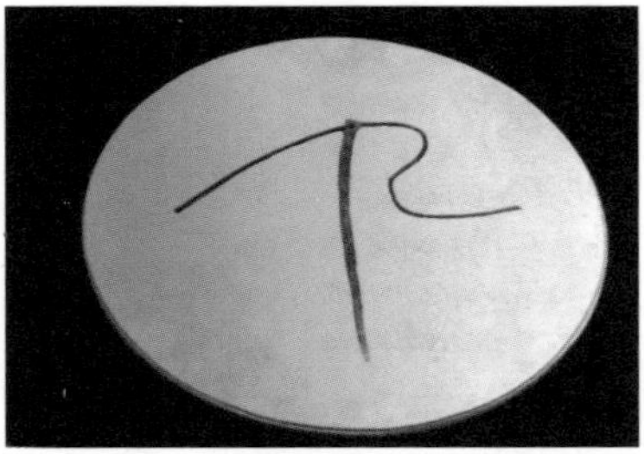

山頂洞人的骨針

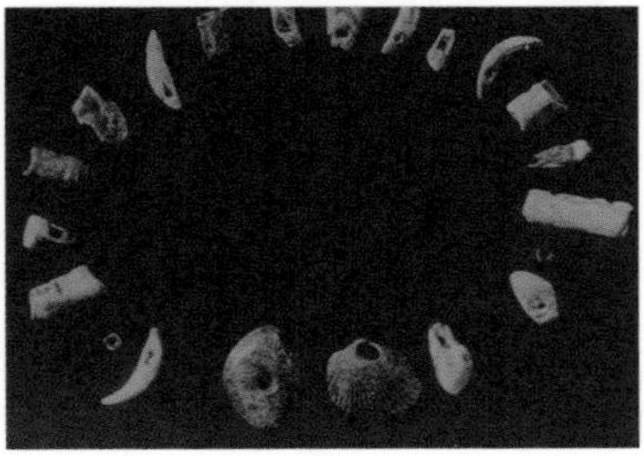

山頂洞人的鑽孔項飾物

自然材料縫製簡單的衣服。中華服飾文化史可以看作由此發端。山頂洞所見七件小石珠、一百二十五枚穿孔獸牙等裝飾品，上有長期佩戴的磨蝕痕跡。其中五件在出土時呈半圓形排列，可能是成串的項飾。另有二十五件還用赤鐵礦粉塗染著色，聯繫山頂洞下室埋葬的屍骨上也散佈有赤鐵礦粉粒，可能是在衣服上著色所用，或關係一種飾終儀式，反映出山頂洞人的某種審美情感。

山頂洞人以獸皮為材料製作披圍式「服裝」，據想已掌握了初級的鞣作方法，將獸皮軟化，以石片裁割，再將柔韌的纖維等搓捻成「綫」，用骨針縫綴起來。

保護生命，掩形禦寒，裝飾自身，都在原始社會成為服裝主要的功用。為了捕獵野獸，對付戰爭，防避利爪、矢石的傷害，或出於偽裝與威懾，原始的獸頭帽、皮甲、射韝[1]、脛衣之類的部件衣著在舊石器時代率先發明，並因此引導出一般衣服。

距今約一萬年，進入了新石器時代，黃河、長江兩大流域形成了農業為主的綜合經濟，原始手工紡織工藝為早期的服飾提供了新材料。在已發掘的百數以上的新石器時代

1 **射韝**：韝，皮革質地的手袖套。古人曾稱「臂捍」，即護臂。射韝用於射箭操作。

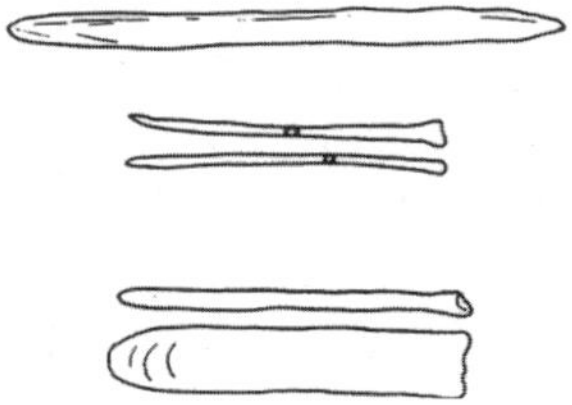

河姆渡「踞織機」（上）和木筒：筒形後綜（下）

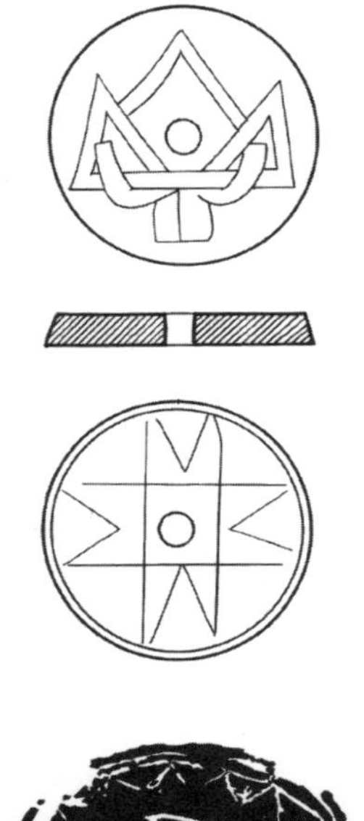

陶紡輪上的紡織象徵：八角勝紋

遺址墓葬中，幾乎都有紡輪出土。浙江餘姚河姆渡遺址[1]還出土了「踞織機」（腰機）。河姆渡織機有了筒形後綜，可以形成自然織口，還有了勝[2]——捲經軸，表明這時織機可能有了相應的機架。河姆渡織機的發現被認為是考古重大收穫。

紡織技術發明，服裝材料從此有了人工織造的布帛。其中絲綢生產也於新石器時代發軔，這一般以仰韶文化西陰村遺址[3]「半割」蠶繭為證，只是孤證；若從殷商時期高級絲綢的生產和絲織技術的成熟水平來推斷，其時間至少應在新石器時代中晚期。絲綢的發明，舉世公認為中國古代勞動者對於人類物質文明最有貢獻的發明之一。

1 **河姆渡遺址**：長江下游地區新石器時代文化遺址，第一次發現於浙江餘姚河姆渡鎮。河姆渡文化主要分佈在杭州灣南岸寧紹平原，越海東達舟山島，年代約公元前五千至前三千三百年。

2 **勝**：原始織布機機件捲經軸。《淮南子．氾論》謂「機杼勝複」，機以轉軸，杼以持緯，遂以「機杼」指代織布機。首飾「勝」，為兩個菱形壓角相疊組成的「方勝」圖案，可能創意於八角捲經軸，故特用作婦女首飾；有鳥似雀，冠狀方勝，即稱戴勝鳥。

3 **西陰村遺址**：仰韶文化遺址之一，位於山西夏縣西陰村，一九二七年發現一個半截蠶繭，係被鋒利工具切去一半。中國是絲綢發源地，傳說黃帝元妃嫘祖發明養蠶取絲，過去曾由此稱「中華文明五千年」。

皮、毛、麻、葛以及絲綢材料的豐富，使服裝形式發生了變化，功能也得到改善。貫頭衣和披單服等披風式服裝已成為新石器時代典型的衣著，飾物也日趨繁複，並對服飾制度的形成產生重大影響。

貫頭衣大致用整幅織物拼合，不加裁剪而縫成，周身無袖，貫頭而著，衣長及膝，是一種概括性或籠統化的整體服裝。其具體形象，在內蒙古狼山岩畫[1]，甘肅吳家川岩畫、黑山石刻、辛店文化陶

1 **狼山岩畫：**內蒙古陰山山脈狼山地區的石器時代岩畫。屬中國岩畫北方系統，多表現動物、人物、狩獵及各種符號，還有放牧、車騎、征戰等內容。

西安半坡陶紡輪（上）和石紡輪（下）

陰山岩畫

器[1]，以及新疆西北邊境霍縣、裕民、額敏諸地的岩畫上，均有反映。時代或有早晚，族屬亦必相當複雜，但是可說明，在紡織品出現之後，貫頭衣已發展為一種定型服式，在相當長的時期、極廣闊的地域和較多的民族中普遍應用，基本上替代了舊石器時代部件衣著，成為人類服裝的祖型。

新石器時代除有籠統式服裝外，還從一些陶塑遺物發現有冠[2]、靴[3]、頭飾、佩

1 **辛店文化陶器**：辛店文化，中國西北地區青銅時代文化，因發現於甘肅臨洮辛店村而得名。辛店文化陶器以夾砂紅褐陶和橙黃陶為主，典型器物是彩陶罐、瓮、鬲。

2 **冠**：上古貴族男子的「帽」。但是冠不像後世帽子蓋住頭頂，冠圈兩旁有纓，可以在頷下打結。此處「冠」泛指原始先民各種「頭衣」。冠在歷史上又是冕和弁的總名。古代「冠禮」，指男子「二十而冠」，即成年舉行加冠禮儀。

3 **靴**：皮革的鞮。此處指代原始的鞋。鞮，《說文》：「革履也，胡人履連脛謂之絡鞮。」絡鞮是後來稱謂的靴。

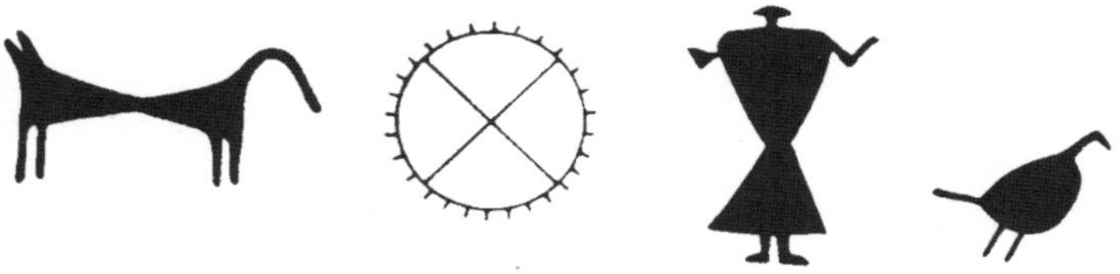

辛店文化陶器人物

散見於內蒙古、甘肅、雲南等地的岩畫人物

飾，以及簪髮椎髻[1]用的骨、石、玉笄[2]等。

原始社會的部落長和巫師、卜人，在某種情形下，為了象徵權威與特定身份，如同《易・繫辭下》所說「黃帝堯舜垂衣裳而天下治」，衣服式樣必不同於普通人，或已寬博拖沓，不大合乎日常生活需要。此外在軍事性活動（包括圍獵）和祭祀性活動中，主持人及參加者的服飾也與常不同。這些，為服飾制度的發生發展奠定了基礎。事實上許多最基本、最經久的服裝式樣，多出於原始社會先民的首創，不斷地隨著生產的發展和文化的進步而豐富提高，終為中華民族上國衣冠、文物制度奠定了基礎。

---

1 **簪髮椎髻：**簪髮，以簪笄綰成髮髻。椎髻，所簪之髮為一撮之髻，形狀如椎，泛指綰起簪住頭髮以形成髮髻。

2 **笄：**即簪，有兩類，此指安髮的簪笄，用以插定髮髻，男女皆有；女子十五歲許嫁，以簪結髮如成人，稱「及笄」。另一類笄用以插定弁冕，笄穿過髮髻把弁別在髻上，然後在笄的另一端繫上一根紘（小絲帶），繞過頷下再繫到笄的另端；男子成年加冠也就是把髮髻綰起，簪在前後覆髮的弧形冠樑上。

甘肅永昌鴛鴦池鑲嵌骨笄

甘肅玉門四壩文化人形彩陶罐，人形足部呈著靴狀

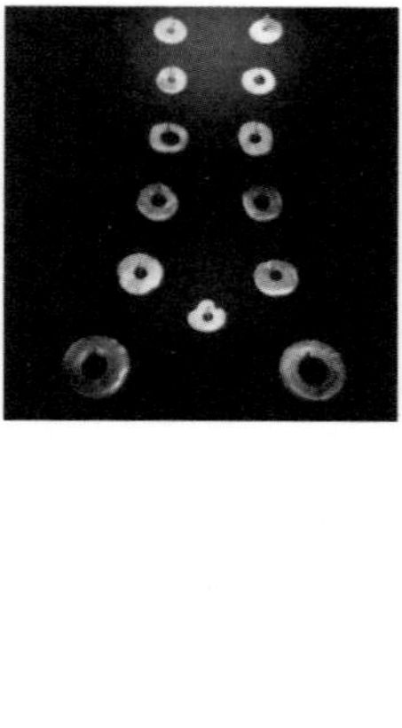

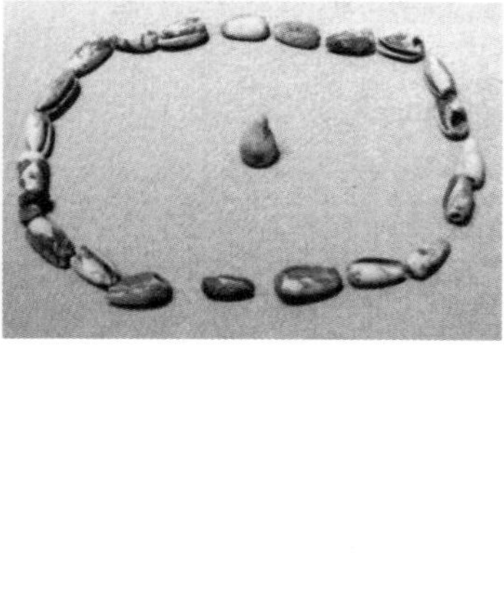

大汶口文化佩飾（右、左）

西安半坡環墜飾物

甘肅大地灣四期文化項飾人頭器口彩陶罐

馬家窑文化陶盆上的辮髮飾尾舞人

Chapter II

二　商周服飾

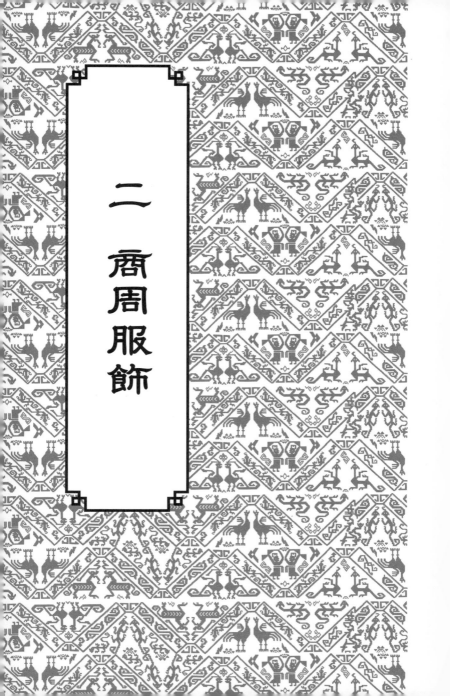

根據文獻記載，隨著原始氏族社會的逐漸解體，建立了中國歷史上第一個王朝，史稱夏；「鑄鼎象物」[1]，不少古代傳說反映出中國自此由石器時代進入銅器時代。夏代之後，由商代到西周，是中國奴隸社會的興盛時期，也是區分等級的上衣下裳形制和冠服制度以及服章制度，逐步確立的時期。

在不多的反映商代服飾的文物中，以河南安陽殷墟[2]發現的玉人、石人雕像和四川廣漢三星堆[3]發現的商代青銅人雕像最為重要。從當時殉葬俑估計，奴隸社會商代人的身份有等級的區別，其衣著的材料、式樣及配飾遂有種種差異。

商代衣服材料主要是皮、革、絲、麻。由於紡織技術的進展，絲麻織物已佔重要地

1　**鑄鼎象物：**相傳夏禹收九州金（青銅），鑄成九鼎，以象百物，民知神奸，遂以鼎為傳國重器。

2　**殷墟：**商朝後期都城遺址，又名殷虛。位於河南安陽西北郊洹水兩岸。自商二十代王盤庚遷都於此，整個商朝後期二百七十三年以之為都。

3　**三星堆：**巴蜀文化遺址。一九二九年在四川廣漢真武村發現古代蜀人玉器窖藏，從一九三四年開始，數十年間不斷對川西平原進行考古調查和發掘，一九八六年發現三星堆兩個祭祀器物坑，埋藏一千七百多件精美文物，其中一件青銅立人像高達二百六十點八厘米，是我國最大的一件古代青銅人像。

戴手梏的奴隸（陶俑，殷墟出土）

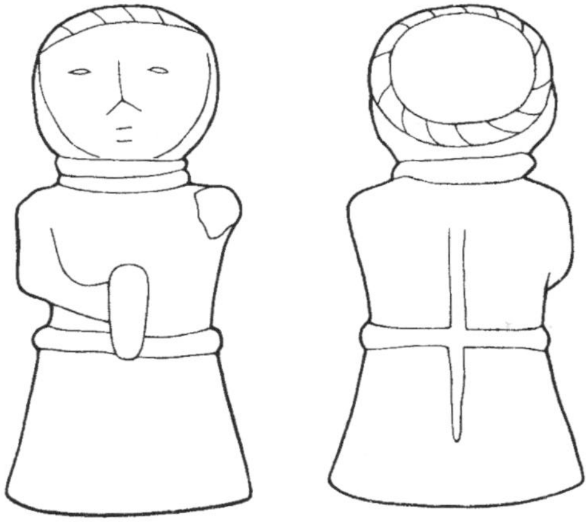

四川廣漢三星堆青銅金面人（右）和獸首冠人（左）

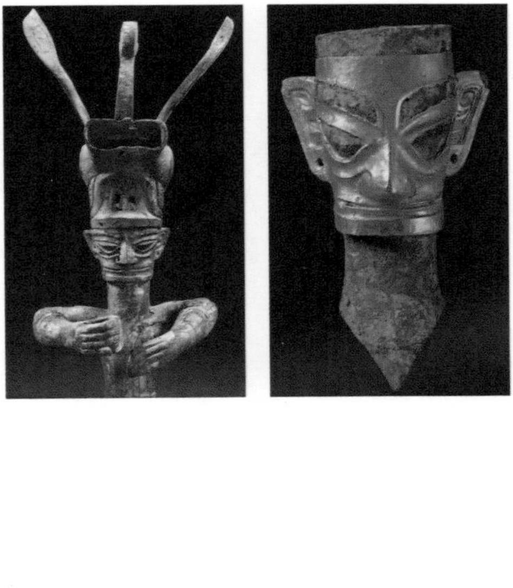

織紋衣貴族（白石雕，殷墟出土）

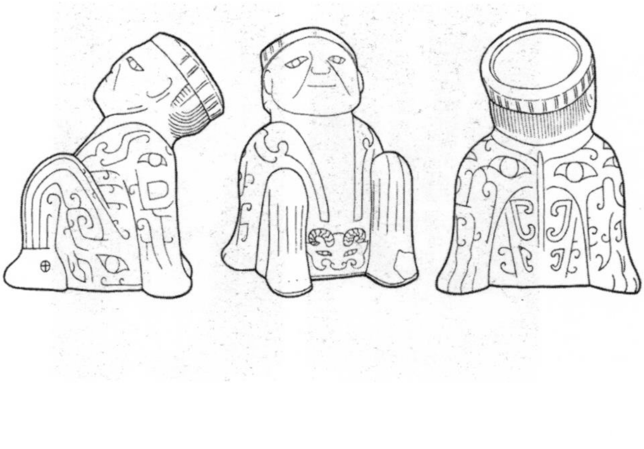

平頂帽翻領繡衣貴族（石雕，殷墟出土）

殷墟婦好墓雙性玉人（上）和玉笄（下）

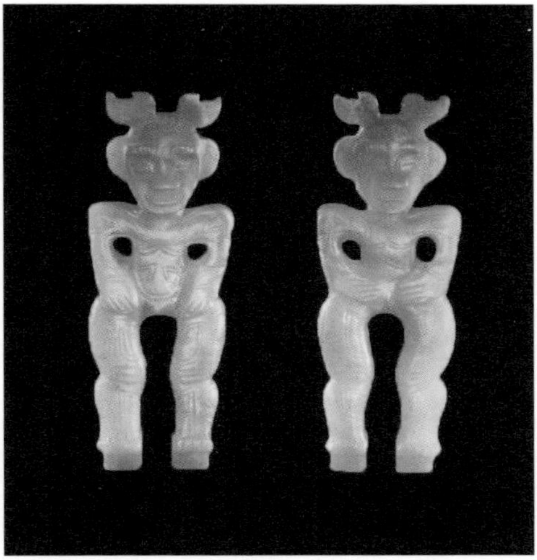

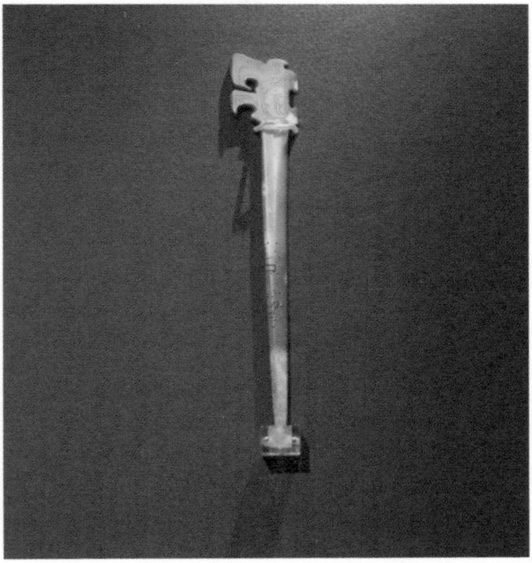

位。商代人已能精細織造極薄的綢子和提花幾何紋的錦[1]、綺[2]。奴隸主和貴族，平時已穿色彩華美的絲綢衣服。

從安陽殷墟婦好墓[3]發現的玉石人雕像得知，商代衣著通常為上衣下裳制[4]，上穿交領窄袖式短衣，衣上織、繡種種花紋，領緣袖口用花邊裝飾，以寬帶束腰，腹前垂一獸頭紋樣的韋韠，下著裙裳。韠[5]，也就是後來文獻常說的「蔽膝」（圍裙）。古代奴隸社會都把身前這種東西象徵權威，並用不同質料、色澤、花紋區別各人的等級。四川廣

1 **錦**：多彩提花絲織物。古人有「織采為文」、「其價如金」之說，故名為錦。

2 **綺**：古稱平紋地而起斜紋花的單色絲織物為綺。據《說文》，綺就是有花紋的繒。

3 **婦好墓**：婦好，商王武丁「諸婦」之一。墓位於河南安陽小屯村北，一九七六年春發掘，出土銅、玉、骨、牙、陶、蚌等各類精美隨葬器物共一千九百二十八件，反映了武丁一代在文化藝術上的傑出成就。

4 **上衣下裳制**：上下配套的衣著形式，不同於上下一體的衣裳連屬制。商周之後，上衣下裳制成為中國服裝的基本形制之一。上衣在商代通常為窄袖短身，周代出現長大寬博樣式。下裳即裙，下遮開襠褲。衣裳以寬帶束腰。秦漢以後上衣下裳以衣裙、衣褲等兩類套裝交相賡續，前者以襦裙為典型，後者以袴褶為代表。

5 **韠**：作為官服裝飾，其音、義「蔽」，是取蔽障腹下之義。祭禮上，又名韍。

洛陽方領曲裾衣圍芾雙髻玉人

殷代玉雕頭像：鷹攫人首玉佩局部（右）、美女青玉佩（中）和高冠人首玉柄（左）

漢三星堆發現的青銅人像，頭上著冠，窄袖長衣，外加短袖開衩齊膝衣。結合諸多文物看，商代人可能已穿褲。

商代一般男子頭上戴短筒狀帽箍，此類帽飾一直流行了近千年；奴隸主貴族戴彎曲高冠，上面還有許多珠玉裝飾，也有用許多小玉魚編成一組加在頂髮上的。

男子髮式，通常是編髮成辮，自右向左旋盤頂一周。女子則多把長髮上攏成髻，或捲髮齊肩。成年女子加簪梳髻時在髻上橫貫一支十五至十六厘米長的骨簪，或用象牙美玉做成雙笄，頂端雕刻鴛鴦或鳳凰為飾，兩兩相對插在頭上，頸上掛一串雜色閃光玉石珠管項鏈。商末著名美女妲己[1]，大致即這麼打扮。小孩頭髮梳作兩個杈狀丫角兒，叫作丱角[2]。平民、奴隸，有裹髮作羊角狀斜旋而上的，有自頂心向後垂一短辮的，也有剪髮齊頸的。種種樣式反映了商王朝不同階級階層的差異，還可能包括了當時征伐所及

1 **妲己**：商代有蘇氏之女，姓己名妲。商紂王之妃。周武王滅紂，妲己被殺。

2 **丱角**：丱，兒童束髮呈丫角式。《詩經·齊風·甫田》有「總角丱兮」，遂稱丱角。兒童，則稱丱齒。後來女子假髻如丱角，稱丱髻。

各部族人民的形象。

商代服飾衣料用色厚重，除使用丹砂等礦物顏料外，許多野生植物如槐花、梔子[1]、櫟斗[2]和種植的藍草、茜草[3]、紫草等也已用作染料，為服飾材料和紋飾提供了空前的物質條件。

西周時，等級制度逐步確立，「非其人不得服其服」也就成為一種與之適應的冠服制度。周王朝並設司服[4]、內司服[5]官職，掌管王室服飾。統治者佔有大量奴隸，還向所有平民徵稅，成丁人口每年必貢布兩匹。聚斂日多，他們不事生產，穿衣服不但講究

1 **梔子**：梔，常綠灌木或小喬木，花白而大且香濃，果實梔子可做黃色染料，也可入藥。

2 **櫟斗**：櫟俗稱麻櫟或柞櫟，堅果球形叫橡子、櫟斗。葉可飼柞蠶，材通稱柞木，皮含鞣酸可做染料。

3 **茜草**：茜，又名茅蒐、紅藍，多年生草本植物，根圓錐形，黃紫色或赤紫色，可作紅色染料，可入藥。

4 **司服**：官名，《周禮》春官之屬，主管王的吉凶衣服。吉服指祭祀、冠、婚娶禮儀衣著。凶服即喪服（凶禮喪葬服裝），所以後人曾把違反風俗的奇裝異服稱作凶服。

5 **內司服**：《周禮》天官之屬，主管王后之六服。《周禮》王后六服為褘衣、揄狄、闕狄、鞠衣、展衣、緣衣。

寬大闊綽，而且刻意表現身份，於是產生了相應的制度。

根據文獻記載和出土文物分析，中國冠服制度，初步建立於夏商時期，到周代已完整完善，春秋戰國之交被納入禮治。王室公卿為表示尊貴威嚴，在不同禮儀場合，頂冠既要冕弁[1]有序，穿衣著裳也須採用不同形式、顏色和圖案。最著名的為《尚書．益稷》所載十二章服[2]：「日、月、星辰、山、龍、華蟲、作會，宗彝、藻、火、粉米、黼、黻、絺繡，以五采彰施於五色作服。」十二章中，日、月、星辰寓意照臨，山寓意穩重，龍寓意應變，華蟲[3]寓意文麗；宗彝[4]寓意忠孝，藻寓意潔淨，火寓意光明，粉米寓意

1 **冕弁**：冠戴的統稱。冕是尊貴的禮冠，最初天子、諸侯、大夫祭祀時都戴冕，遂有「冠冕堂皇」成語。冕上面長方形版叫「延」，延前沿串串小圓玉叫「旒」，天子十二旒。弁也是尊貴的冠，有爵弁，是無旒之冕；有白鹿皮的皮弁，鹿皮接縫處綴有行行小玉石，《詩經．衛風．淇奧》曾描繪「會弁如星」。

2 **十二章服**：章，采色；章服，以圖案為等級標誌的禮服。十二章服謂古天子具備日、月、星辰等十二種圖紋的冕服（玄衣纁裳）；十二章為章服之始，以下章服有九章、七章、五章、三章之別。

3 **華蟲**：華，美觀的草，「蟲」為雉（野雞）；一說華蟲專指雉。

4 **宗彝**：宗廟祭祀所用酒器，此指酒器上虎、蜼二獸的裝飾，虎有猛，蜼能避害。

十二章紋

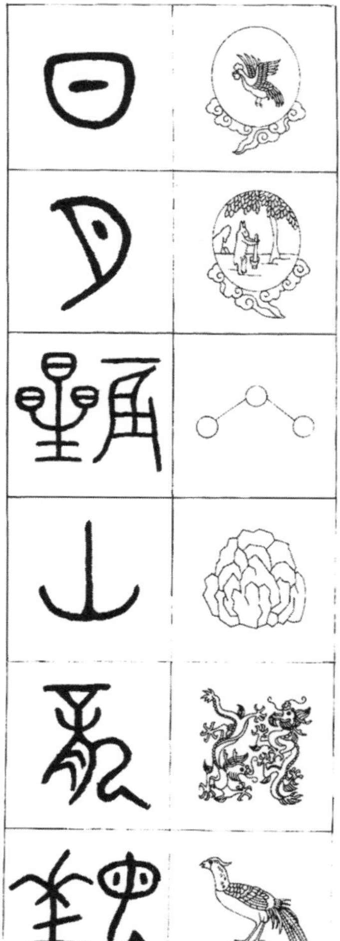

日
月
星辰
山
龍
華蟲

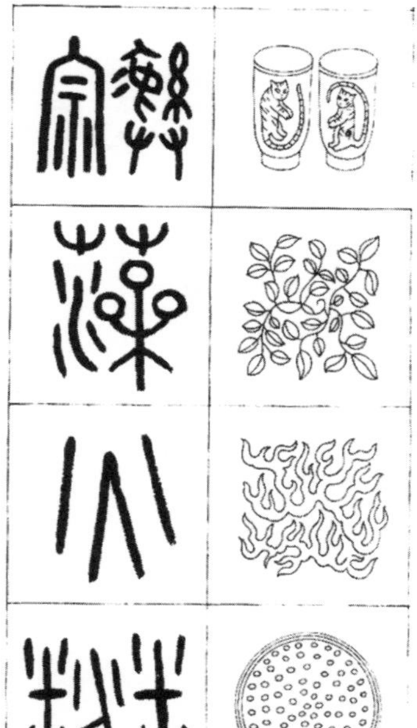

宗彝
藻
火
粉米
黼
黻

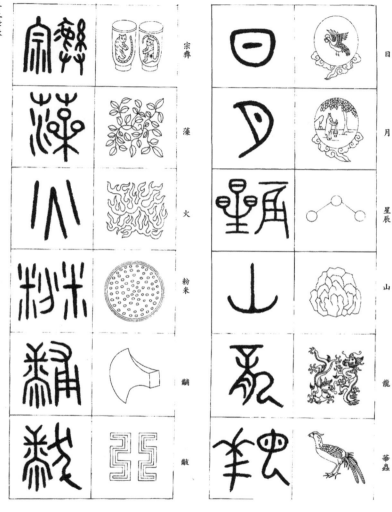

滋養，黼[1]寓意決斷，黻[2]寓意明辨。十二章紋遂成為歷代帝王的服章制度，一直沿用到清帝遜位、袁世凱復辟稱帝。

從周代出土的人形文物看，服飾裝飾雖繁簡不同，但上衣下裳已分明，奠定了中國服裝的基本形制，「衣裳」遂成為服裝的通稱。衣袖有大小，衣長出現長大寬博式樣。寶雞茹家莊西周墓出土銅人、洛陽東郊出土玉人、龐家溝西周墓銅車轄人形的衣式表明，衣領多作矩式曲折直下，具有承上啟下的特色；同時流行寬帶束腰的斧形韋韠，用皮革塗朱做成，另有一種用絲綢繪繡花紋的叫「紱」或「赤芾」[3]，後世統稱之為「蔽膝」。與其他塗朱繪彩鏤金嵌玉的弓箭、旗幟、車馬、玉佩等類似，黼繡衣裳以及赤芾韋韠也都是權威的標識，因此歷代相襲，成為特別身份的象徵。

服裝的發展沿革與社會制度密切相關，材料的講究、數量的增多、服用的普遍程度

1 **黼**：黑白相間如斧形的花紋。

2 **黻**：一對相背（左正，右反）的弓字形花紋。

3 **赤芾**：諸侯的卿大夫蔽膝。以皮革製成，故又作「赤韍」，漢以後作「赤紱」。

又與社會生產相適應。在商代能穿絲綢衣服的，可能還是少數。到西周，雖說周成王、周公不一定比商紂王穿著奢侈，可是各地大小邦國封君的穿衣打扮都有了種種排場。地方條件較好的，無疑更有可能把衣服、帷帳、茵褥做得格外華麗精美。至於一般平民，身份等級在下，只能穿本色麻、葛[1]布衣或粗毛布衣，窮極的只好穿草編如蓑衣的「牛衣」[2]了。

---

1 **葛**：多年生蔓草。葛莖纖維去膠後頭尾拈績成布，稱葛布。最初以其布幅狹窄或質地粗疏，用來做褐，甚至曾以葛代指褐。《詩經．豳風．七月》：「無衣無褐，何以卒歲？」可見褐是貧賤之衣。而在春秋吳越，葛布質量可以精益求精，後世或稱夏布；勾踐臥薪嘗膽，有「使越女織治葛布，獻於吳王夫差」（《越絕書》）的故事。其紗支定然較高，估計細緻如綢。

2 **牛衣**：原指為牛禦寒之披搭物，以葛麻或蓑草編成。

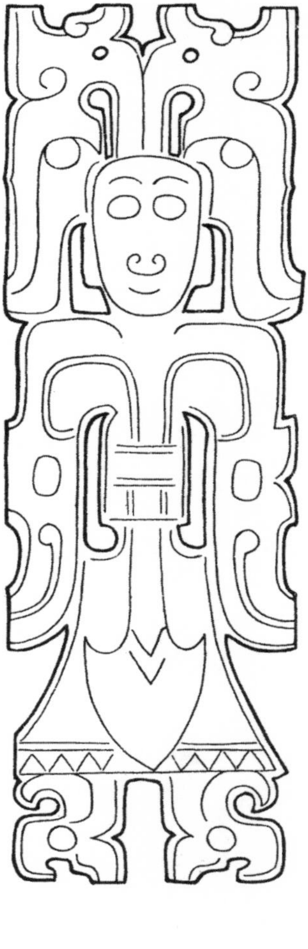

西周雙笄佩芾大袖衣玉人

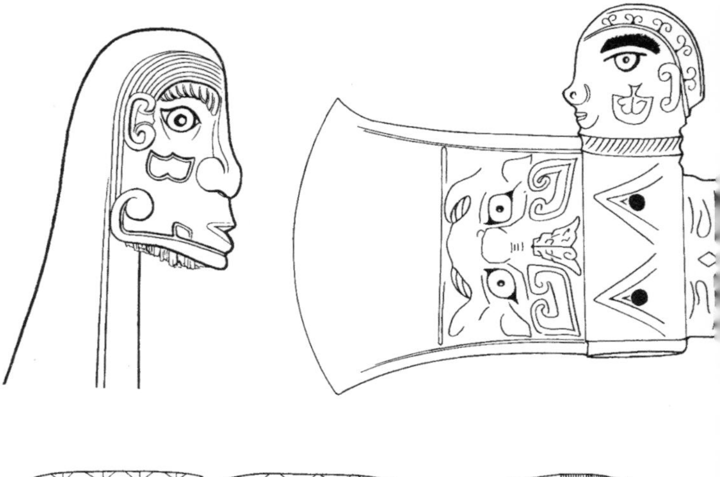

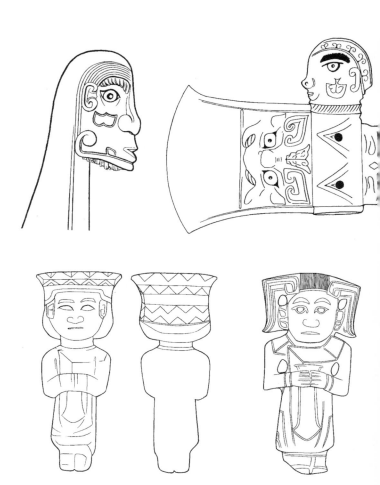

西周銅鉞（右上）、銅戟（左上）和玉雕（下）上的人物形象

Chapter III

三　春秋戰國服飾

春秋戰國時期周王室衰微，五霸七雄等諸侯國各自為政，一方面競相發展生產，注重商品流通，一方面兼併弱小，掠奪土地和財富。特別是對大量技術工匠的擄掠佔有和鐵工具的推廣應用，促進了各種手工業的交流提高。各方面競爭的成就對紡織材料、服裝剪裁工藝和裝飾藝術，也無不產生重大影響，從而形成了百花齊放的服飾局面，發明了推陳出新的深衣服式。

春秋戰國時期，以絲麻為原料的一般紡織生產，空前繁榮起來。織繡工藝的巨大進步，又使服飾材料日益精細，品種名目日見繁多。河南陳留[1]的花錦，山東齊魯的冰紈[2]、綺、縞[3]、文繡，風行一時，比普通絹帛的價格高出二十多倍。南方吳越生產

1 **陳留：**上古有莘城，今河南、山東交界處。有莘，姒姓，夏禹之後，周文王、商湯皆娶有莘氏之女。春秋時，有莘城為留地，屬鄭國，後為陳所併，故名「陳留」。漢代時陳留郡治下襄邑的織錦工藝最享盛名，有「錦繡襄邑」之說。今有陳留縣，在河南開封東南向；襄邑故城在睢縣西。

2 **冰紈：**紈，白色細絹；冰紈指細潔雪白的絲織品，以色澤鮮潔如冰故稱。

3 **縞：**古稱生絲本色（鮮色）的精細白絹。

朱砂染鳳鳥鳧鴨紋間道錦

的細麻布，北方燕代生產的毛布、氈裘，西域羌胡族的細旃花罽[1]，無不精美絕倫。湖北江陵馬山楚墓[2]發現一批古絲綢織物，品種之豐富包括了春秋戰國時期錦、繡、編組、針織等主要門類，其中通幅大花紋織錦表明那時已具有相當完善的提花裝置和先進的織造工藝；提花針織品衣緣則可能以棒針織成，為迄今所知最古老的針織品；許多大花紋刺繡品，如龍鳳大

1 **細旃花罽**：旃，即氈；罽，與旃同屬毛織品。細旃花罽，指精貴的毛氈、織花的毛毯等上好的毛織物。

2 **馬山楚墓**：東周時期楚國墓葬群江陵楚墓之一，即馬山一號墓，出土絲製品有裏屍衣著十五件，絲衾四床。包括繡、錦、羅、紗、絹、絛等多品種，質地精良，保存完好。衣被上用朱紅、絳紅、茄紫、深赭、淺綠、茶褐、金黃、棕黃等色彩的絲綫繡出或織出對稱的蟠龍、鳳鳥、神獸、舞人等與幾何紋相間的各種圖案，色彩柔和，表明楚國紡織業已達到相當高的工藝水平。

馬山楚墓幾何紋文錦：
小花規矩紋（右）和菱紋（左）

通幅對舞鳥獸紋經錦

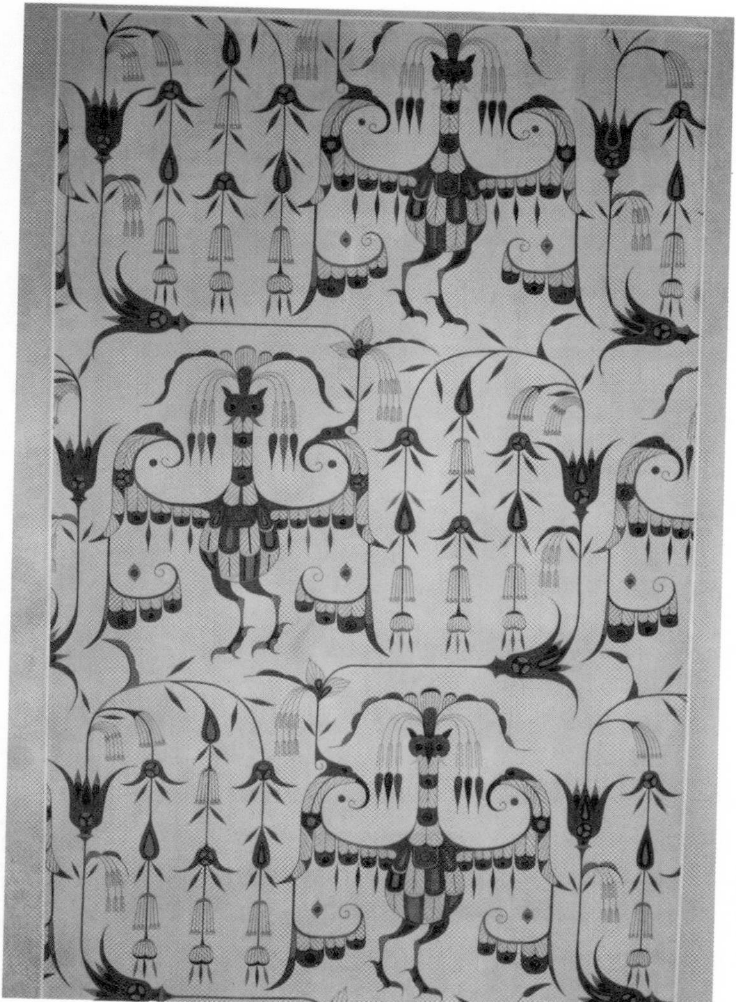

鳳鳥彩繡

龍鳳大花彩繡紋

馬山楚墓對龍鳳大串枝絹面彩繡衾

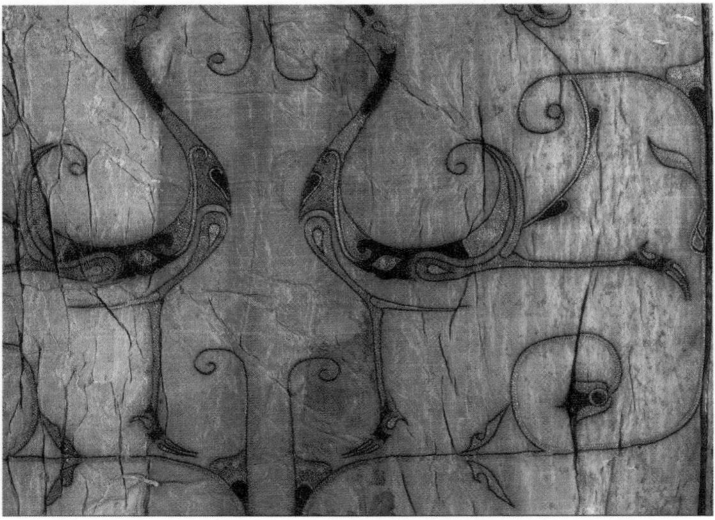

花紋彩繡、龍鳳虎紋彩繡、鳥型紋彩繡、對龍鳳大串枝彩繡、車馬田獵紋納繡等，大為開啟人們對古代畫繢五色文繡之事[1]的視界，看到當時刺繡工藝的成熟概貌。

這一時期，圍繞社會上層統治者聚合起一個個巨大的消費集團，列國之間的聘問往還也需用大量美錦文繡，請盟

著雲紋繡衣、梳髻的貴族婦女（長沙陳家大山楚墓帛畫）

1 **畫繢五色文繡之事：**繢，繪。畫繢即繪畫，《周禮．考工記》稱「畫繪之事，雜五色」。這裏的意思是，文繡（刺繡）可以淋漓盡致地表現色彩斑斕的繪畫效果。

鳳鳥文繡衣

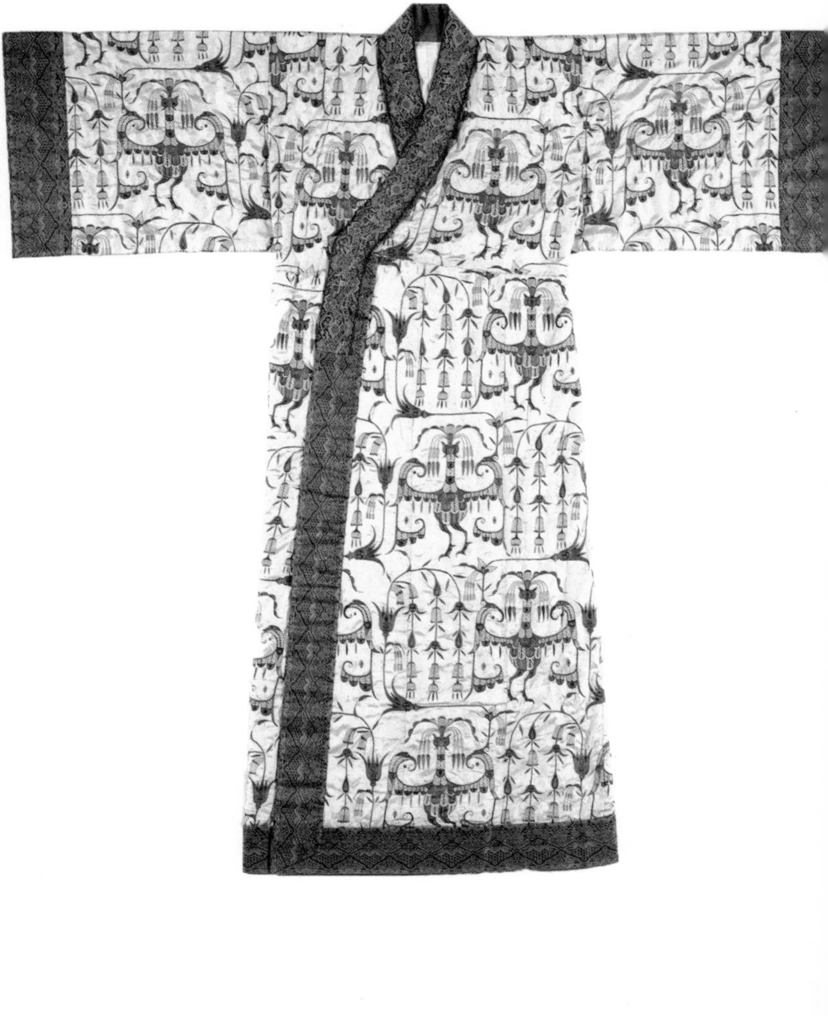

求和竟然要賄以執針、織紝[1]的數十數百的工奴、工妾。工匠之眾、風氣之盛，促使官私紡織、刺繡高級工藝品生產規模日益擴大，周代往日珠玉錦繡不鬻於市[2]的法規終被突破。這就更促進了工藝的傳播，使多樣、精美的衣著服飾脫穎而出。

春秋戰國時期，不僅王侯本人一身華服，即便從臣客卿也是足飾珠璣，腰金佩玉，衣裘冠履，均求貴重。

商代以來，雕玉工藝不斷發展，不斷有精美綫雕[3]、透雕[4]、高浮雕[5]和圓雕[6]藝

---

1 **織紝**：紝，織布帛的絲縷，指代布帛；織紝即織布織帛。

2 **珠玉錦繡不鬻於市**：鬻，出賣。《禮記．王制》：「錦文珠玉成器，不粥於市；衣服飲食，不粥於市。」此處「粥」通「鬻」。

3 **綫雕**：又稱綫刻。以陰綫和凸起的陽綫為雕塑造型手段。

4 **透雕**：又稱鏤雕。是將底板或背後鏤空的浮雕，可以從正面透過雕塑空間看到浮雕後面的景物。

5 **高浮雕**：浮雕的一種，又稱深浮雕。浮雕，在平面上雕塑半立體形象的技法，適宜從一個方向欣賞。

6 **圓雕**：完全立體的雕塑技法；不附著任何背景，宜於多角度觀賞。

河南信陽春秋戰國間彩繪漆瑟上的巫師、貴族、獵人和樂師等人物

術品問世。至西周由於「禮制玉」確定，讀書人又渲染玉有七德或十德，興起小件佩玉。佩玉尊卑有度，並賦以人格象徵，所以「君子無故，玉不去身」。影響所及，上層人士不論男女，都須佩戴幾件或成組列的美麗雕玉。

劍，是當時的新兵器，貴族為示勇武兼用自衛，又必佩帶一把鑲金嵌玉的寶劍。腰間革帶還流行各種帶鉤，彼此爭巧，以至「賓客滿堂視鉤各異」。

男女的帽，更引人注目，裁製方法頗具機巧；材料上精緻的用薄如蟬翼的輕紗，貴重的用黃金珠玉；形狀有的如覆杯

湖北隨州曾侯乙墓出土編鐘座承上的佩劍人物

戰國時期楚國青玉龍形佩

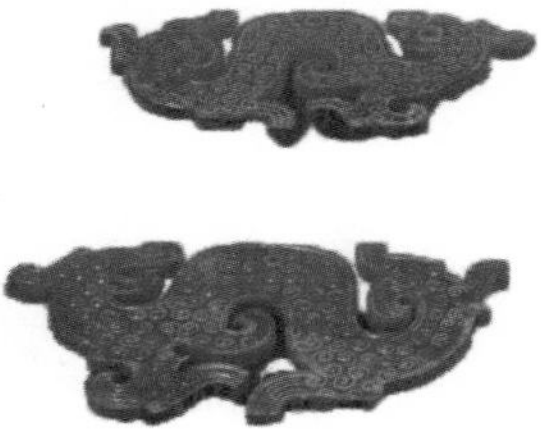

戰國時期巴國的錯金銀犀牛青銅帶鉤

上聳，詩人屈原形容這種高冠「切雲之崔嵬」[1]。

鞋，多用小鹿皮製作，或用絲縷、細草編成；南方多雨，還有通體塗漆，再用錦、絛飾面，底部有防滑齒結的漆履。

冬天皮衣極重白狐裘[2]，價值千金。女子愛用毛皮鑲在袖口衣緣作出鋒。還有半截式露指的薄質錦繡手套，異常美觀。

女人髮式裝扮的花樣更多，楚國流行束辮髮，中部打兩個環，餘髮下垂，或者梳髮垂於肩下，更攏成一坨如球髻狀。髻子有鵲尾式、銀錠式種種。有的垂髮在耳後再向上捲成蠍尾狀，顯然由商代傳來。小女孩則梳雙小辮。

1　「**切雲之崔嵬**」：出自屈原《九章．涉江》：「余幼好此奇服兮，年既老而不衰。帶長鋏之陸離兮，冠切雲之崔嵬。」長鋏：楚人劍名，即長柄長劍。奇服：新異的服裝，今叫「個性服裝」。

2　**裘**：裘皮禦寒衣。《詩經．小雅．都人士》：「彼都人士，狐裘黃黃。」可見古人穿裘，毛向外；禮儀場合裘外面須加一件與毛色相配的罩衣，稱裼衣，否則被認為不敬。羔裘、麑裘、狐裘，都甚貴重，士人之服；庶人穿犬羊之裘。

戰國青銅器弄雀雙辮女孩

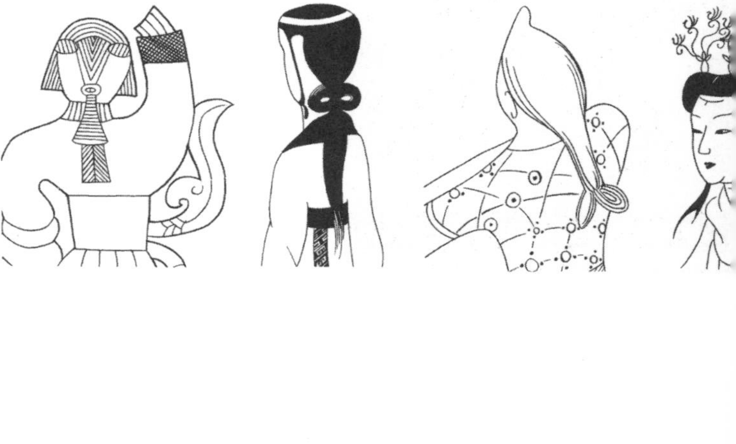

女人髮式，從右至左依次為後世繪畫上的宮女雙鬟、後世陶俑雙鬟、楚國雙鬟長辮和東周王室舞女覆頂髮結

湖南長沙出土戰國彩漆酒卮上的著狐裘人

戰國車馬卮冬裝旅人

成年婦女已戴金戒指，臉頰上還有的點一簇三角形胭脂[1]。照文獻記載，這些原都是周代宮廷制度，如金銀指環表示有無身孕等，到了戰國，本來意義慢慢失去，便成了一般裝飾。

當時社會風氣常隨權要人物的愛好而轉移。《韓非子》提到齊桓公好服紫，國人有一時就全身衣紫。《墨子》提到楚王好細腰，愛美的大臣們因節食餓得面黃肌瘦。

春秋戰國學術界「百家爭鳴」的空氣對當時文化學術的發展有極大的推動作用，也促進了精美服飾的流行。

春秋戰國時期的衣著，上層人物的寬博，下層社會的窄小，已趨迥然。在形式上，值得注意的一是深衣，二是胡服。

深衣有將身體深藏之意，是士大夫階層居家的便服，又是庶人百姓的禮服，男女通用，可能形成於春秋戰國之交。其形制在《禮記．深衣》有詳盡的記載，後世註家學者

1　胭脂：也作「燕支」、「燕脂」。一種用紅藍花或蘇木製成的顏料，過去婦女用以塗頰塗唇，同時也是國畫顏料。也泛指紅色，如杜甫《曲江對雨》：「林花著雨胭脂濕，水荇牽風翠帶長。」

深衣考證例：日本諸橋轍次《大漢和辭典》深衣圖（右）和清代江永《深衣考誤》復原圖（左）

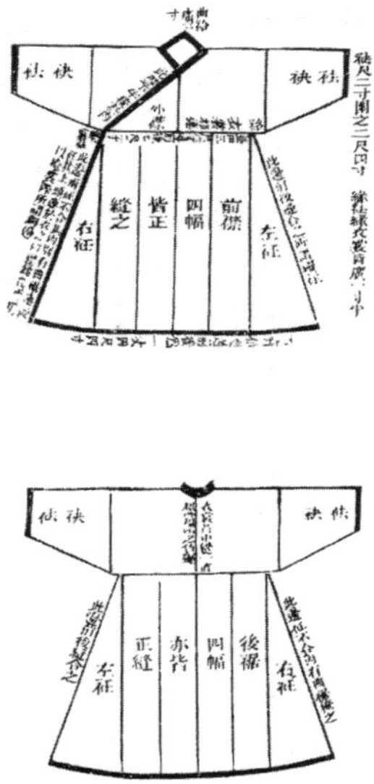

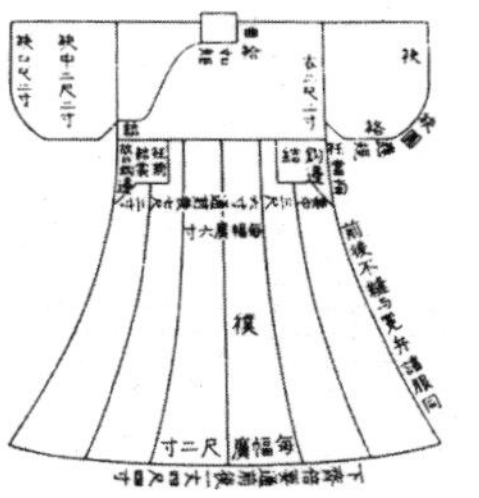

深衣前（名物圖）

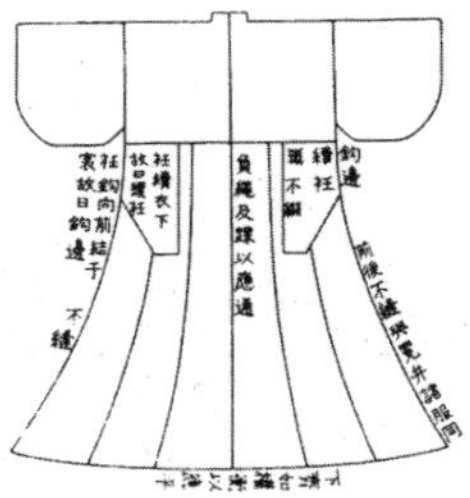

深衣後　名物圖

也有較多的研究。從馬山楚墓出土實物觀察，深衣是把以前各自獨立的上衣、下裳合二為一，卻又保持一分為二的界綫，故上下不通縫、不通幅。最智巧的設計，是在兩腋下腰縫與袖縫交界處各嵌入一片矩形面料，據研究可能就是《禮記》提到的「續衽鉤邊」、「衽當旁」的「衽」[1]，其作用能使平面剪裁立體化，可以完美地表現人的體形，兩袖也獲得更大的展轉運肘功能。所以古人稱道深衣「可以為文，可以為武，可以擯相[2]，可以治軍旅」，認為是一種完善服裝。

據記載，深衣有四種名稱：深衣、長衣、麻衣、中衣。從出土文物看，江陵馬山楚墓出土實物的衣式具有代表性。特點是交領直襟、寬身大袖，結構為上衣下裳分裁，而後縫製成一體的長衣；袖口衣緣用重錦邊，與古籍「衣作繡、錦為緣」正相一致；衣面多為大花紋龍鳳彩繡，也有幾何紋小花錦。這種長衣男女通用，應是服裝史上備受推崇

1　**衽**：衣襟。古人以上衣掩下裳，衣上自胸前交領部分至衣下兩旁掩裳際處，形成「衽」。衣襟向左掩謂左衽，右掩為右衽。中原習俗為右衽。

2　**擯相**：擯，迎接導引賓客；「擯」通「儐」，擯相，即儐相，指主持禮儀活動。

小綾紋絳地錦綿衣

綿衣腋嵌小腰立體效果模型

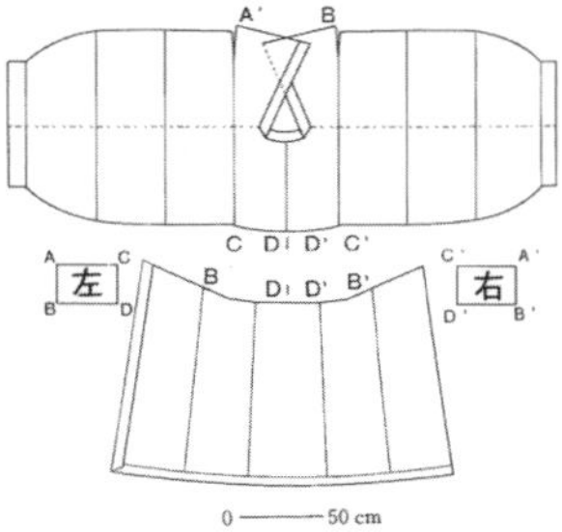

綿衣剪裁圖示

的深衣。

春秋戰國時衣裳連屬的服裝較多，用處也廣，有些可以看作深衣的變式。河南信陽楚墓出土有木俑，袖口寬大，下垂及膝，顯得莊重，可能屬於特定禮服類。傳河南洛陽金村韓墓[1]出土有二舞女玉佩，穿曲裙衣，揚起一袖，腰身極細，垂髮齊肩略上捲，大致是後來《史記》所說燕趙佳妙女子「鼓鳴瑟，跕屣，遊媚貴富」的典型裝束。

1 **金村韓墓**：戰國時期墓葬，位於河南洛陽以東。一九二八年因雨後地陷暴露，墓葬被盜掘，許多精美文物被盜走，其中大部分流散海外，均為無價國寶。

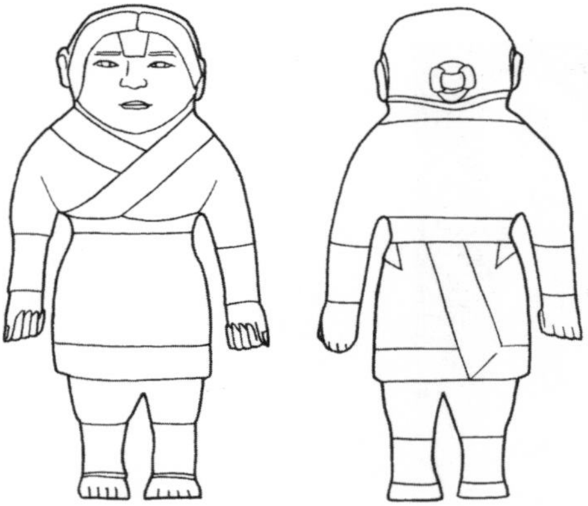

金村古墓著齊膝衣和褲子的銀人（「銀胡人」）

江陵楚墓交領對組佩小袖衣木俑

河南信陽楚墓大帶玉佩大袖衣彩繪俑（原物及手繪）

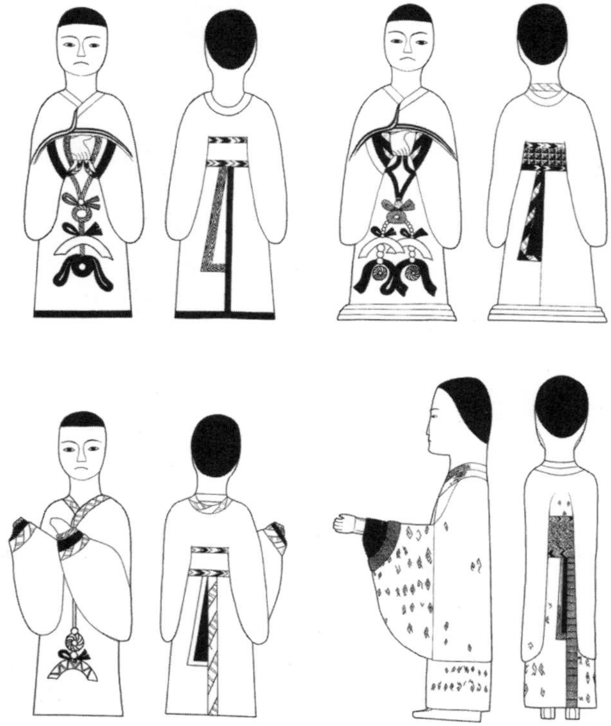

戰國長袖曲裾衣舞女玉雕（原物及手繪）

戰國錦緣雲紋繡曲裾衣彩繪俑

湖南長沙仰天湖楚墓[1]出土了彩繪木俑，著交領斜襟（曲裾）長衣和直襟（直裾）齊足長衣，其剪裁縫紉技巧考究，凡關係到人體活動較大的部位，多斜向開料，既便於活動，又能顯示體態的美，是深衣在春秋戰國末期的一種變化形式，曾是婦女的時裝，對男裝也有相當影響。至於湖北江陵馬山楚墓出土有直領對襟的短袖「緅衣」[2]，樣子和現代的女式短大衣差不多，到漢代也還流

1 **仰天湖楚墓**：東周時期楚國墓葬群長沙楚墓之一。長沙楚墓分佈於長沙東北郊，出土的文物數以萬計。

2 **緅衣**：緅，方音字。「緅衣」為馬山楚墓出土小竹笥（方形竹器）內衣物所附籤牌之標名。根據古喪禮「浴衣於篋（小竹箱）」分析，是生者為死者所備浴衣。

春秋戰國之際衣裳冠冕及簪髮形式（白玉雕）

馬山楚墓直領襟緥衣

行；山西長子縣和河北易縣出土了木俑、青銅燭奴，著上下通裁通縫、兩側開衩很高的長衣，則都與深衣剪裁制度全然不同，它自成體系，應是後世沿用數千年不廢「袍」服的前身。

公元前三〇七年趙武靈王[1]頒胡服令，推行胡服騎射。胡服，指當時「胡人」的服飾，與中原地區寬衣博帶的服裝有較大差異，特徵是衣長僅齊膝，腰束郭洛帶，用帶鉤，穿靴，便於騎射活動。由於中原上層人物慣於坐而論道，穿長衣視為特權，一旦棄長就短，不法古、不循禮，便成為改革大事。其衣制實與中原奴隸或其他勞動者短衣相類同，不過胡服袴是連襠的。當時內地已有綿袴，套在脛上，《說文》解作「脛衣」[2]，而從湖北江陵馬山楚墓出土的實物看，前面連腰，棕紅繡絹褲面，錦邊小口褲腳，兩側附裝飾絛帶，與胡服之別尤在於後面開襠。至於衣長，山西侯馬出土的人形陶

1 **趙武靈王**：即趙雍，戰國時趙國由侯首稱王的國君。他認為「法度制令各順其宜，衣服器械各便其用」，「循法之功不足以高世，法古之學不足以制今」，「遂胡服，招騎射」。

2 **脛衣**：此指套脛的褲套。說文：「袴，脛衣也。」「邪幅」以幅帛斜纏小腿，亦歸脛衣，漢稱行縢，今稱裹腿、綁腿。

河北易縣戰國燕下都銅人（燭奴）（原物及手繪）

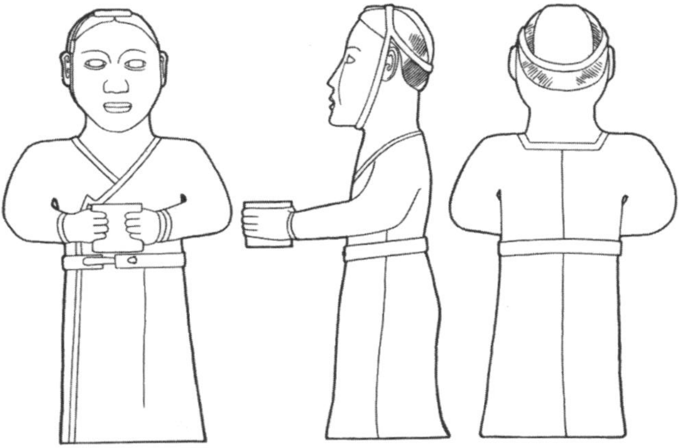

範表明，齊膝的織繡花衣（其領襟曲折直下，腰間繫絲絛、打蝴蝶結）已從西周演變過來，一般認為這就是已受胡人影響的裝束。

春秋戰國時期的衣服款式空前豐富多樣，不僅表現於深衣和胡服。樂人有戴風兜帽的，舞人有長及數尺的袖子，獵人衣褲多紮得緊緊的，有人還常戴鶡角或鷸尾冠、穿小袖長裙衣和斜露襞褶的下裳。春秋戰國時，北方齊魯、南方荊楚都有成熟的漆履製作技術，有的漆履底和面上塗漆防水，當是出土所見的最早雨鞋。家居衣物中還曾在楚墓中發現「鴛衾」，其繡絹面、素絹裏，中絮絲綿，呈正方形，被頭中央有寬四十至五十厘米的凹口，夫妻可以擁頸覆蓋。這些都與多彩的社會生活相關。

侯馬織繡齊膝衣背劍人陶範鑄像

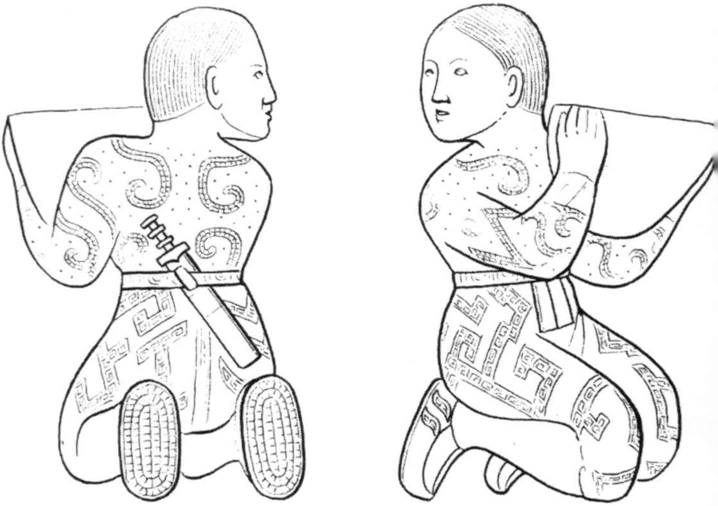

宴樂人物（成都百花潭錯銀壺紋）

戰國時採桑女（上）、樂人（中）和射手（下，皆係青銅壺紋）

練甲操兵的武士（河南汲縣山彪鎮戰國墓水陸攻戰紋銅鑒）

Chapter IV

四　秦漢服飾

秦統一中國後，進行了許多重大的改革。漢代政權鞏固，經濟發展，中國封建社會達到成熟期。出土文物反映，這一時期的衣料又較春秋戰國時期豐富，深衣也得到了新的發展。特別在漢代，隨著輿服制度的建立，服飾的官階等級區別也更加嚴格。

秦初曾「兼收六國車旗服御」，所以服制大致本於戰國。根據從陝西臨潼秦始皇陵出土的兵馬俑、銅車馬、女坐俑等文物，可以得出秦代服制的基本印象。軍服和勞動者衣裝形制與戰國時無大差別。男女服都是交領、右衽、衣袖窄小，衣緣及腰帶多為彩織裝飾，花紋精緻。兵士衣長齊膝，左右兩襟為對稱直裾式，皆可掩至背側，兩襟下角如燕尾，保持深衣的基本形制，與《禮記》敘述深衣的通用性相吻合；衣外著甲，下著褲，足穿麻履或革履（齊頭方口較多見），頭髻處理繁細複雜，束髻上聳而多偏右，亦有著冠子的，應為皮弁之制。女俑則後垂銀錠式髮髻。軍裝衣甲有騎兵、步兵和車御服用等六七個類型。

秦漢服裝面料仍重錦繡。繡紋多有山雲鳥獸或藤蔓植物花樣，織錦有各種複雜的幾何菱紋，以及織有文字的「登高明望四海」、「延年益壽」等通幅花紋。此外，繪花和印

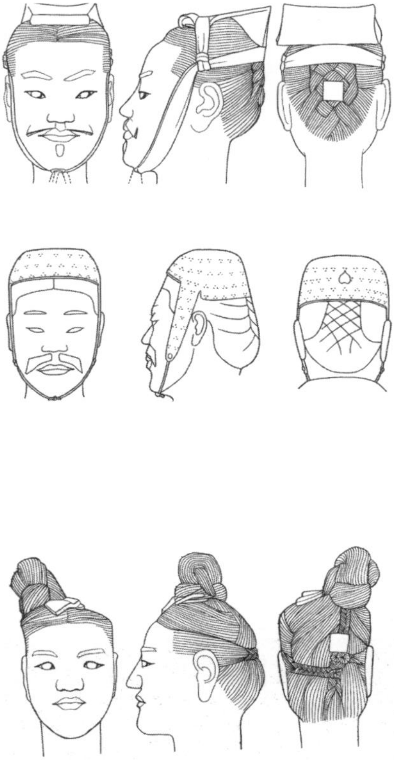

秦俑兵士冠髮式樣幾種

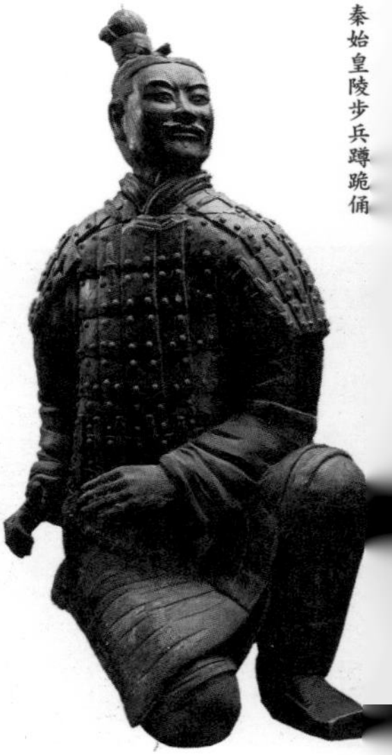

秦始皇陵步兵蹲跪俑

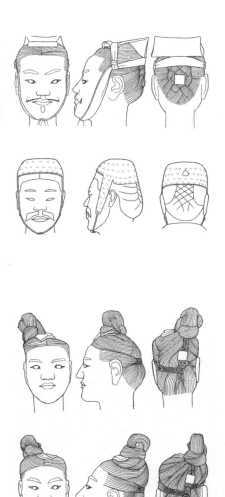

花織物、朱砂著色織物、超級細薄織物，在河北滿城漢墓[1]、長沙馬王堆漢墓[2]、廣州南越王墓[3]

1 **滿城漢墓：**西漢中山靖王劉勝墓及其妻竇綰墓，位於河北滿城陵山上。

2 **馬王堆漢墓：**西漢初期長沙國丞相、軑侯利蒼及其家屬的墓葬。該墓地曾被訛傳為五代十國時楚王馬殷的墓地，故稱馬王堆。馬王堆三座墓葬的發掘，對研究漢初手工業和科學技術的發展，以及當時歷史、文化和社會生活等方面，具有極重要的意義。

3 **南越王墓：**西漢第二代南越王趙胡墓，為彩繪壁畫石室墓。公元前二一四年，秦朝南海郡龍川縣令趙佗擁兵自立，繼而兼併桂林、象郡，於前二〇三年建國，以番禺（今廣州）為都城；公元前一九六年漢遣陸賈冊封趙佗為南越王。南越國共傳五世，公元前一一二年被漢武帝滅。三國時孫權曾鑿山尋墓，一無所獲。一九八三年在越秀山象崗發現趙胡墓，出土文物一千多件，揭開了嶺南一座文化寶庫。

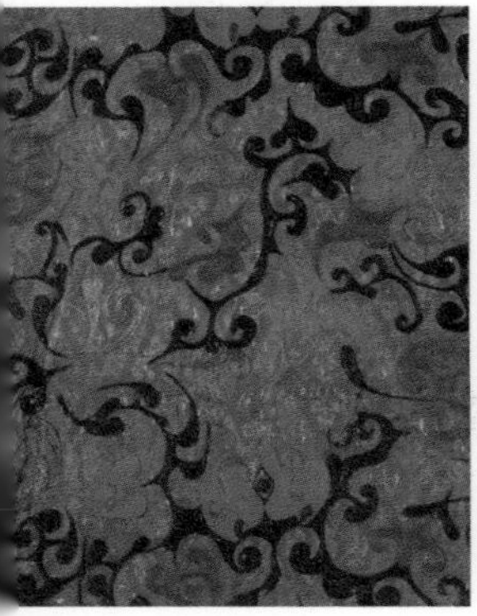

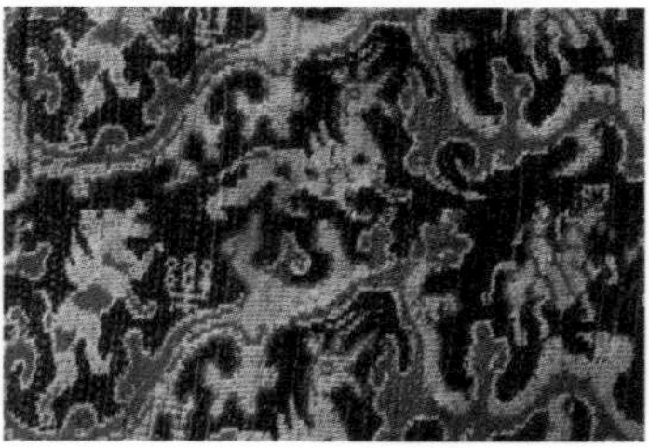

漢代錦繡：鬱金文繡（右上）、「長樂明光」錦（右下）、印花敷彩紗（左上）和雙鶴菱紋綺（左下）

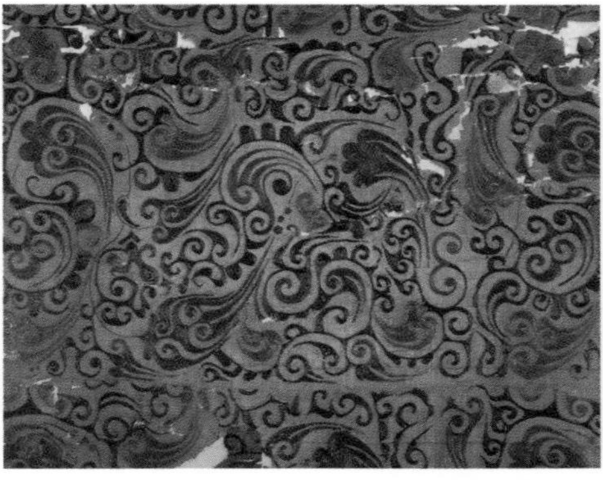

長沙馬王堆漢墓絲綢：規矩紋起毛錦（右）、乘雲繡文綺（中）和長壽繡絹（左）

等處都有實物出土，不僅種類多、式樣齊，紡織技術也達到很高的水平。由於商業發展，許多禁令早被商人打破，帝王穿用的精美錦繡，商人卻用來裝飾牆壁。《漢書》提到，被買賣的奴婢也穿鑲花邊的絲履，滿頭金珠花釵。這與椎髻、穿短衣褲的農民，形成鮮明對照。

西漢建元二年（公元前一三九年）、元狩四年（公元前一一九年），張騫奉命兩次出使西域，開闢了中國與西方各國的陸路通道，成千上萬匹絲綢源源外運，歷魏晉隋唐，迄未中斷，史稱「絲綢之路」[1]。於是，中華服飾文化傳往世界。

西漢男女服裝，仍沿襲深衣形式。不論單、綿，多是上衣和下裳分裁合縫連為一體，上下依舊不通縫、不通幅；外衣裏面都有中衣及內衣，其領袖緣一併顯露在外，成為定型化套裝。下著緊口大褲，保持「褒衣大袑」[2]風格，足下為歧頭履。腰間束帶。

1 **絲綢之路：**橫貫亞洲大陸的古代貿易通道。公元前二世紀張騫出使西域各地，開闢了中國通向中亞，進而抵達地中海的道路。公元前二世紀至公元九世紀以絲綢為主的中外貿易非常頻繁，中國蠶桑技術先後傳至和闐（今和田）、克什米爾、印度、波斯、拜佔庭、阿拉伯等地，羅馬和拜佔庭多以使用中國絲綢為貴。

2 **褒衣大袑：**肥大的衣褲。褒，寬大。袑，褲上半部，即褲襠，大袑即古人所說「大袴」。

萬事如意錦袍（新疆民豐尼雅東漢墓）

馬王堆一號漢墓帛畫中的墓主人及侍從

至於通裁的袍服，西漢時穿用不普遍，至東漢時才漸成風氣，後來轉入制度化。

西漢時典型的女子深衣，以長沙馬王堆漢墓出土實物最為精美。有直裾（直襟）和曲裾（三角斜襟式）兩種，剪裁已不同於戰國深衣。曲裾式下裳部分面積加大，而且與領、袖、襟緣一同作斜幅縫紉。穿上身，靜立時衣面懸垂自然貼體，走動時則裙裳部分膨大如傘，不束縛腳步。這種斜領連襟合成銳角的曲裾衣，即是揚雄《方言》[1]所說「繞衿裙」，是戰國深衣的變例，成為當時婦女的一種時裝，流行很廣。

男子深衣，以湖北江陵鳳凰山西漢墓[2]的出土實物及木俑衣著較為典型。外衣領口展寬至肩部，右衽直裾，前襟下垂及地，為便於活動，後襟自膝彎以下作梯形挖缺，使兩側襟成燕尾狀。

---

1 **《方言》**：西漢蜀郡成都人揚雄（公元前五十三年至公元十八年）撰。該書仿《爾雅》體例，彙集古今各地同義詞語，分別註明通行範圍，為研究我國詞彙的珍貴材料。

2 **江陵鳳凰山西漢墓**：戰國末和西漢文景時期的一批木棺椁墓群，即江陵秦漢墓。位於湖北江陵鳳凰山。墓主許多是中、下級官吏。鳳凰山在楚國都城郢的「紀南城」東南隅，公元前二七八年秦國白起拔郢後成為墓地。

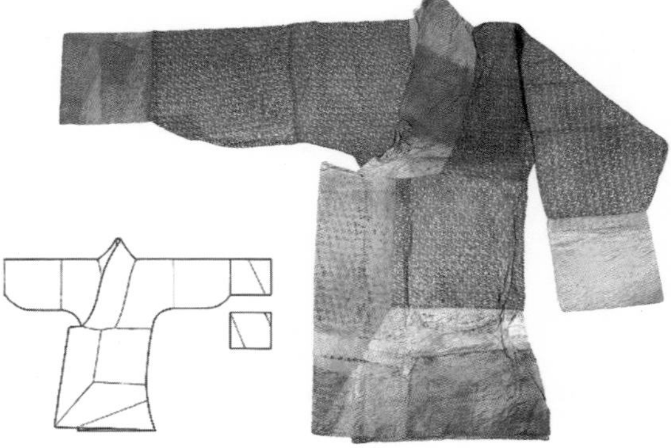

印花敷彩紗直裾袍及表面結構

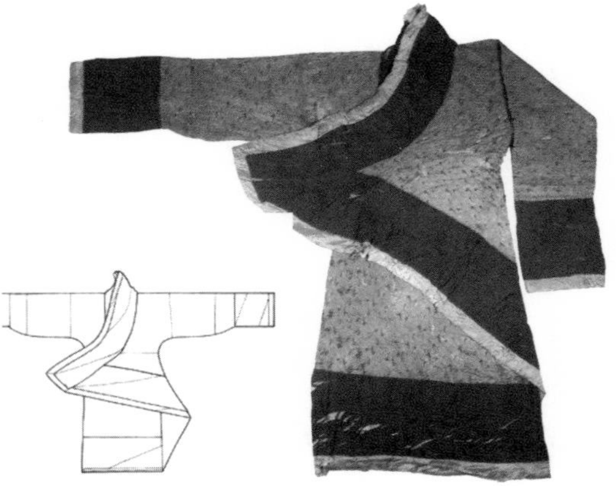

信期繡錦緣曲裾袍及表面結構

漢代在政治上重農輕商，如《管子》「四民」提法為「士農工商」，但事實上農民和手工業者的生活還不如商賈。漢代農民照法律規定，只能穿本色麻布衣，不許穿彩色，董仲舒《春秋繁露》還說「散民不敢服雜彩」，到西漢後期才許用青色、綠色，而在制式上必然簡約於士商，各地區差不多都衣著窄小。四川成都揚子山漢墓出土的陶俑反映了農民或農奴戴小帽、巾子或斗笠，衣短襦；從川蜀磚刻看，奴隸衣著更加簡單，且多椎髻不巾。

秦代服制，服色尚黑，囚徒穿赭色衣，此外的服制信息在文獻資料上顯得極為貧乏。漢代有了輿服制度。史書列有皇帝與群臣的禮服、朝服、常服等二十餘種。記載雖詳，但與大量出土繪畫、雕刻上人物的衣著比較，卻不完全符合，可能是文獻所記大多為上層統治者的禮儀性服飾。出土文物所反映的，則大多是平時生活或一般人及奴僕的衣著情況。

將文獻記載和出土文物結合觀察，服飾上的等級差別已十分明顯。主要表現，是冠服在因襲舊制的基礎上，發展成為區分等級的基本標識。如冕冠，是古來帝王臣僚的冕

東漢晚期貴族平居衣冠（河南密縣打虎亭宴樂壁畫和畫像石刻）

山東沂南漢墓石刻武士像（漆紗冠、大袖衣、大口袴、佩虎頭鞶囊、繫綬、佩劍）

揚子山著巾（右）、著幘（中）、著帽（左）短衣農民陶俑

揚子山磚刻農事圖：椎髻獵人矰繳射雁（上）、齊腰短衣農民長鐮收穫（下）

朝服垂雙綬圖（敦煌壁畫）

戴花釵貴族婦女和著巾幘侍從（山東金鄉朱鮪墓石刻畫）

服；長冠，以竹為胎骨，外用漆紗糊製，長七寸，寬三寸，形如鵲尾，故俗稱「鵲尾冠」，是楚國舊有形式，西漢時被定為公乘[1]以上官員的祭服。漆紗冠，大多為武士所戴，此後到南北朝流行六百餘年，基本制度延續到明代不廢。而一般男子則平時冠巾約髮且不裹額，或只是束髮加笄。至東漢，情況略有變化，矮筒狀平巾幘，不分貴賤，一律使用；平巾幘上加樑（前高後低，中空如橋）的樑冠，以及平巾幘上加漆紗冠，也成為定制。

1 公乘：爵位名稱，起於先秦。「公乘」本指周代王室和諸侯國的兵車，以其稱爵位，《漢書．百官公卿表》註：「言其得乘公家之車也。」

洛陽西漢空心磚墓壁畫《二桃殺三士》人物：椎髻短袍執劍武士、高冠袍服持節使者、漆紗冠大袍持兵杖從官和不同巾冠袍服平民

此外，佩綬制度確立為區分官階的標識。秦漢開始，春秋戰國時期的佩飾得到發展，產生佩掛組綬的禮俗。凡有官爵的人，還得把一條長度逾丈的經編帶狀織物摺疊起來掛在腰後，名之為「綬」。綬以顏色、長短和頭緒分等級，自東漢至明代因循相襲。

兩漢征伐邊疆，戰爭頻頻不休，民族服飾文化的相互交流也迄未中斷。《史記·匈奴列傳》曾記載，當時諸部族君長喜衣錦繡。漢遺匈奴書信提及的贈物，即有繡袷[1]綺衣、繡袷長襦和錦袷袍。近半個世紀以來，西北各地不斷出土各色花錦彩繡衣，也證明漢家錦緞彩繡藝術及工藝的深刻影響。在內地的出土文物中，胡騎、越騎衝鋒陷陣的形象屢見不鮮，胡越民族齊膝小袖衣衣飾也司空見慣。據《後漢書·南蠻西南夷列傳》及雲南晉寧出土文物，古滇人當時穿用「白疊布」[2]和「闌干布」，奴隸主和近身奴隸多著漢式服裝；還可以知道，西漢時滇人奴隸主親信官已有身披虎皮的制度。

1 **繡袷**：袷，夾衣；繡袷為文繡夾衣。下文袷袍即附著襯裏的袍服。

2 **白疊布**：古稱棉和棉布為白疊、白緤、白纑。白疊布原產於西域、滇南和海南等邊遠地區，《南史》：「高昌國有草，實如繭，中絲如細纑，名曰白疊子。國人多取織以為布，軟而白，亦作白纑。」宋代以後中原方開始種棉。下文「闌干布」可能是色織棉布或提花棉布。

雲南晉寧石寨山殺人祭柱貯貝器蓋人物紋飾

滇人鞍韀形象（銅雕）

漢代騎士：渾脫帽短衣胡騎（上）、鶡尾冠虎賁漢騎（中）和越騎（下）

Chapter V

五　魏晉南北朝服飾

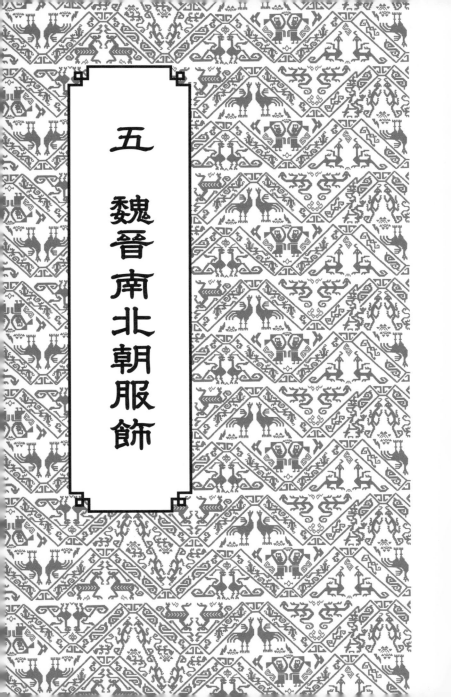

魏晉南北朝時期，三百六十餘年戰亂不息，社會動盪。由於政權更迭、民族交流等原因，服飾在改易中得到發展。其過程大致可分魏晉和南北朝兩個階段。前段，等級服飾有所變革；後段，民族服飾大為交融。

漢魏之際，頻仍戰爭使社會財力日顯艱困，兩漢冠服制度已難維持。以往的冠帽，這時已多以文人沿用的幅巾[1]代替，不僅文人使用巾子，表示名士風流，身為將帥亦頭著縑巾[2]，諸葛亮綸巾[3]羽扇指揮戰事的故事遂流傳千古。當時有㡌角巾、菱角巾、紫綸巾、白綸巾，不一而足。東漢末年張角起義即著黃巾而被史稱「黃巾起義」。

1 **幅巾：**古時男子用絹一幅束髮，稱為「幅巾」。幅巾既可束髮，就不用綰髮加笄，故叫「不著冠」。

2 **縑巾：**以縑束髮的幅巾。縑，雙絲織的微帶黃色的絹。此處「將帥縑巾」出自《三國志．魏書．武帝紀》註：「漢末王公，多委王服，以幅巾為雅，是以袁紹、崔豹之徒，雖為將帥，皆著縑巾。」

3 **綸巾：**用青絲帶編成的頭巾。相傳為三國時諸葛亮發明，又名諸葛巾。蘇軾《念奴嬌．赤壁懷古》有「羽扇綸巾」句，是說周瑜；時赤壁之戰建安十三年（二〇八年），諸葛亮（一八一至二三四年）尚為青年，且才出茅廬僅一年，「諸葛巾」即流行江東，何其快也！

南朝陳文帝高士服之菱角巾、鹿皮裘（傳唐閻立本《歷代帝王圖》）

魏初，文帝曹丕制定九品官位制度[1]，「以紫緋綠三色為九品之別」。這一制度此後歷代相沿雜而用之，直到元明。

由魏而晉，或因為經濟貧乏，或出於禮制難行，人們就便處理衣著，終於轉成風氣，「褒衣博帶」，成為魏晉世俗之尚。部分文人甚至輕蔑禮法，如南京西善橋出土磚刻[2]所反映的竹林七賢[3]飾著，寬衫大袖、散髮袒胸，就是對禮教束縛的突破。晉代除巾裹衫子便服為社會沿用之外，有官職的男子還戴小冠子，冠上再加紗帽的稱漆紗籠

1 **九品官位制度**：即「九品中正」。魏文帝曹丕黃初元年採納吏部尚書陳群建議，每個州郡由有「聲望」的人擔任「中正」，州郡內士人分為九品，每十萬人舉一人，由吏部授予官職，即「九品官人」之法。各州中正官實際由豪門擔任，造成「上品無寒門，下品無世族」的門閥制度。

2 **南京西善橋出土磚刻**：一九六〇年發現南京西善橋南朝初年墓，內有《竹林七賢和榮啟期》模印拼嵌磚畫。其做法是將畫像按粉本分別模印於多塊磚坯，再拼嵌在墓壁上。有人推測是顧愷之或戴逵等名家的畫本，是研究東晉南朝繪畫、服飾等方面的重要實物資料。

3 **竹林七賢**：三國魏末晉初七人相與友善，常宴集於竹林之下，時人號為竹林七賢。七賢是陳留阮籍和阮咸、譙國嵇康、河內山濤、河內向秀、琅邪王戎、沛國劉伶，七人博覽群書，志趣相投，在詩文、音樂等方面各有所長。

散髮、螺髻或著巾帢的隱士（南京西善橋磚刻《竹林七賢和榮啓期》）（原物及手繪）

冠，本是兩漢武士之制，傳之又傳，不僅用於男官員，並流傳民間且男女通用。

由魏晉而南北朝，北方少數民族入主中原，人民錯居雜處，政治、經濟、文化風習相互滲透，形成大融合局面，服飾也因而改易發展。主要表現是，傳統的深衣制長衣和袍服已不大適應社會需要，而北方民族短衣打扮的袴褶[1]漸成主流，不分貴賤、男女都可穿用。

袴褶的上衣短身大袖或小袖；下衣喇叭褲，有的在膝彎處用長帶繫紮，名為縛袴。這種服裝源出軍中，服無定色，外面還可以服裲襠[2]衫。河南鄧縣學莊磚刻[3]人物穿的，正是齊梁間有代表性的流行袴褶。《南史》敘述部族人民衣著時，還常說起「小袖長袍小口」，

1 **袴褶**：由北方民族傳入中原的騎服，上穿褶，下縛袴。袴為滿襠褲；褶為袴褶套裝的上衣。

2 **裲襠**：襠，形狀如背心、坎肩。據《釋名》解釋，裲襠之前幅和後幅，「其一當胸，其一當背也」，後人或寫作兩當、兩襠。裲其實是「兩」與「襠」的類化增旁字。

3 **鄧縣學莊磚刻**：南北朝時期的畫像磚墓，墓室及甬道均用花紋磚砌成，並嵌砌模印加彩畫像磚。據墓室內兩側磚柱所嵌鼓吹行列出行圖畫，與墓內五十多個儀仗陶俑參照，表明墓主人生前是擁有部曲（武裝編制，或為官軍，或為家丁）的人物。

短衣奴婢、騎吏和冠袍貴族男女（遼陽古墓壁畫）

北齊巾子披衫文人和小袖長裙侍女（《北齊校書圖》）

西魏巾子圓領衣步卒（敦煌壁畫）

河南鄧縣南北朝磚刻人物：梳雙鬟髻，著裲襠衫、笏頭履的貴族和侍女（上），著小冠或梳丫角、穿袴褶的部曲侍從（中），以及戴荷葉帽、穿袴褶的部曲鼓吹（下）

西安草場坡北魏十字髻兩鬢抱面、著交領長裙的樂伎（原物及手繪）

一般式樣多是圓領對襟，袖小衣長不過膝，加沿。上層統治者則加罩披風式外衣。

女子衣著較大變化是風格上的「上儉下豐」，原始於漢代的襦裙套裝至晉代具有了上衣短小、下裙寬大的特色。髻，以假髮相襯，西晉作十字式大髻，東晉則做成兩鬢抱面遮蔽眉額形狀，緩鬢傾髻以為盛飾，因髮髻過大過重，不能常戴，平時擱置架上稱作「假頭」；貧家不能自辦的，自號「無頭」，遇事就向人家「借頭」。東晉末至齊、梁間改為束髮上聳成雙環。

足穿笏頭履、高齒履（一種漆畫木屐），也在晉代流行一時。

另外，少數民族也受漢朝典章禮儀影響，穿起了漢族服裝。其中最有代表性的是，鮮卑族北魏朝於太和十八年（公元四九四年）遷都洛陽後，魏孝文帝[1]推行華化政策，改拓跋姓氏，率「群臣皆服漢魏衣冠」。原來鮮卑族穿著夾領小袖衣服，這次改革舊俗，史稱「孝文改制」，使秦漢以來冠服舊制得以賡續，推動了中華服飾文化的發展。

---

1 **魏孝文帝**：元宏（四六七至四九九年），原名拓跋宏，鮮卑族，公元四七一至四九九年在位。他的漢文化修養很深，認為鮮卑族鞏固政權必須漢化。

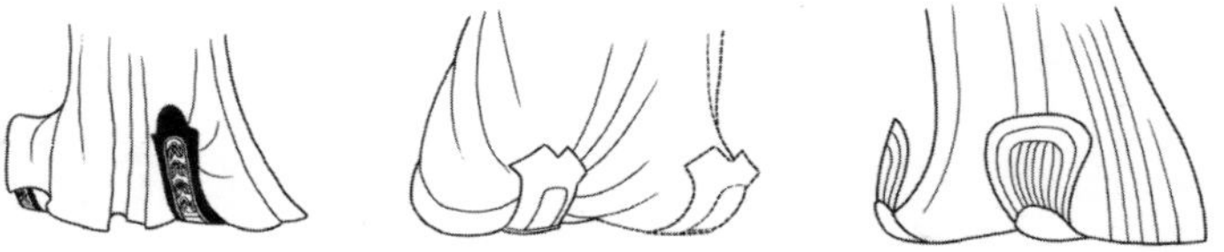

見於文物圖繪的笏頭履（右）、高齒履（中）、重台履（左）

洛陽石刻北魏軟鞋靴武士和笏頭履文官

小襦長裙簪釵女婢和大袖長衣高髻貴婦（《女史箴圖》）

剃度（敦煌壁畫）

沿循漢儀的北魏丫髻、交領大袖長衣（洛陽寧懋石室石刻）

Chapter VI

六　隋唐五代服飾

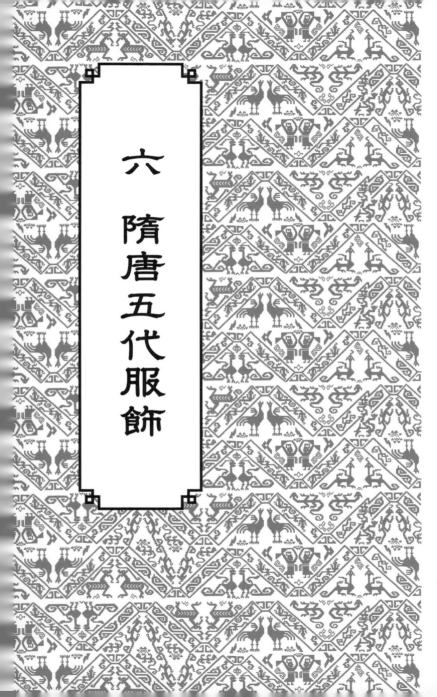

隋唐時期，中國由分裂而統一，由戰亂而穩定，經濟文化繁榮，服飾的發展無論衣料還是衣式，都呈現出一派空前燦爛的景象。

隨著國家的統一，隋唐朝廷都曾參照前朝舊制，改革輿服制度，規定天子、百官的官服用顏色來區分等級，用花紋表示官階。隋代朝服尚赤，戎服尚黃，常服雜色。唐代以柘黃色為最高貴，紅紫、藍綠、黑褐等而下之，白色則沒有地位。

男子官服，一般是頭戴烏紗幞頭[1]；身穿圓領窄袖袍衫，衣長在膝下踝上，齊膝處設一道界綫，稱為橫襴[2]，略存深衣舊跡；腰繫紅鞓帶[3]，足登烏皮六合靴。從皇帝到官吏，樣式幾乎相同，差別只在於材料、顏色和皮帶頭的裝飾。

1 **幞頭**：襆，軟巾；幞頭，以巾裹頭，成為代替冠帽約束長髮的頭巾。幞頭有四帶，二帶繫腦後，二帶反繫頭上，曲折附頂，所以也稱「四腳」、「摺上巾」。

2 **橫襴**：襴，本指衣裳相連的衫、袍，如文中唐人官服袍衫。「襴」通「闌」，橫襴即橫闌，在襴袍襴衫的中界加一界隔（闌）。

3 **紅鞓帶**：鞓，皮帶。唐代官員鞓帶尚紅，帶上綴有較前代簡約的裝飾品玉方、金花等。後人曾為花色似紅鞓犀帶的青州牡丹命名「紅鞓」。

冕服隋文帝和漆紗籠冠朝服侍臣（《歷代帝王圖》）

無官的地主階級隱士、野老，則喜穿高領寬緣的直裰[1]，表示承襲儒者寬袍大袖的深衣古制。普通百姓只能穿開衩到腰際的齊膝短衫和褲，不許用鮮明色彩。差役僕夫多戴尖錐帽，穿麻練鞋，做事行路還須把衣角撩起紮在腰間。腳上只限穿編結的綫鞋或草鞋。

幞頭之制出於北齊，隋唐之初逐步定型。這是一種用黑色紗羅做的軟胎帽（一度用木胎），裹在髮髻的後部，稍稍突起並微微前傾；帽帶兩條繫於帽頂前部，兩條

1 **直裰**：家居常服。一般為斜領大袖、四周鑲邊的大袍。又作「直掇」。另僧衣道服也有「直裰」衫袍。

著幞頭、圓領衫、烏皮靴的騎馬文人和隨行僕從（《唐人遊騎圖》）

《步輦圖》中所見唐代裝束（唐太宗著幞頭、圓領袍衫；宮女著小袖披帛、幅裙紋帔；吐蕃使者著圓領小袖錦袍；贊禮官著幞頭、圓領、佩魚執笏）

敦煌壁畫中的縴夫（右上）、獵戶（左上）和雨耕農民（下）

文物圖畫上的唐代幞頭，由右至左、由上至下依次為馬夫、差役、進香人、樂人、西域人、侍從、宮監、皇后行從、進香人、王公和農民

垂於頸後，或長或短，式樣有三五種，初尚平頭小樣，而後漸高。唐開元年間玄宗賜臣下「內樣巾長腳羅幞頭」，可知長腳式先出宮中；後垂的兩條帶子或下垂或上舉，或斜聳一旁或交叉在後，帶形初如梭子，繼為腰圓式，中施絲弦為骨。到五代時這兩條帶子平直分向兩邊，「軟腳」變成了「硬翅」，終於形成宋代的展翅漆紗幞頭，俗稱烏紗帽。

總的看來，隋唐時期男子冠服的特點主要是上層人物穿長袍，官員戴幞頭，百姓著短衫。直到五代，變化不大。

隋唐女裝富有時裝性，往往由爭奇的

小袖長裙舞女（隋代青釉陶俑）

敦煌壁畫所見氈帽民間樂人和襦裙披帛女子

宮廷婦女服裝發展到民間，被紛紛效仿，又往往受西北民族影響而別具一格。

隋唐時期最時興的女子衣著是襦裙，即短上衣加長裙，裙腰以綢帶高繫，幾乎及腋下。這種始於漢代的套裝，在魏晉時期裙腰日高，上衣日短，衣袖日窄；後來又走向另一極端，衣袖加闊到二三尺。隋統一後，上襦又時興小袖，影響所及，貴族婦女內穿大袖衣，外面再披一件小袖衣，名

唐女樂：坐部伎（右）和舞伎（左）（皆見於唐李壽墓綫刻）

唐女樂：立部伎（唐李壽墓綫刻）

披襖子[1]。講究的用金縷蹙繡[2]，聽任小袖下垂以為美，竟成一時風尚。唐代長期穿用小袖短襦和曳地長裙，但盛唐以後，貴族婦女衣著又轉向闊大拖沓，衣袖竟大過四尺，長裙拖地四五寸，不得不用法令

1　**披襖子**：襖子，有襯的上衣。襖的名稱最早見於南北朝時期，南朝宋有布衫襖，北魏有小襦襖，北齊有合袴襖子，隋有缺胯襖子，唐有翻領襖，宋有旋襖（對襟襖）。披襖子，是襖子披身，而袖子懸垂，為披風特例：小袖帔子。

2　**金縷蹙繡**：金縷，即金絲，如金縷衣（舞衣）、金縷玉柙（金縷玉衣）等。蹙繡，即縐繡，繡出紋狀圖樣。金縷蹙繡即「蹙金」，用金綫、銀綫在織品上刺繡成紋縐效果，如杜甫《麗人行》：「繡羅衣裳照暮春，蹙金孔雀銀麒麟。」

小袖披帛供養人（隋代敦煌壁畫）

著大袖衣、小袖帔子或小袖翻領襖的平髻貴族，及丱髻披帛婢（敦煌壁畫）

《朝元仙仗圖》中鈿釵襢髻、霓裳羽衣的宮女

加以限制。一般婦女穿青碧纈（印花或染花織物），著平頭小花草履。

隋唐女子好打扮，會打扮。從宮廷傳開的「半臂」，有對襟、套頭、翻領或無領式樣，袖長齊肘，身長及腰，以小帶子當胸結住。因領口寬大，穿時袒露上胸。半臂歷久不衰，後來男子也有穿著的。當時還流行長巾子，係用銀花或金銀粉繪花的薄紗羅製作，一端固定在半臂的胸帶上，再披搭肩上，旋繞於手臂間，名曰披帛。

唐代婦女的髮飾多種多樣，各有專名。早期高聳輕俊，後期流行用假髮做義

高髻盛裝的唐代女人（彩繪陶塑）

梳高髻，著錦半臂、柿蒂綾長裙的婦女（西安三彩釉陶俑）

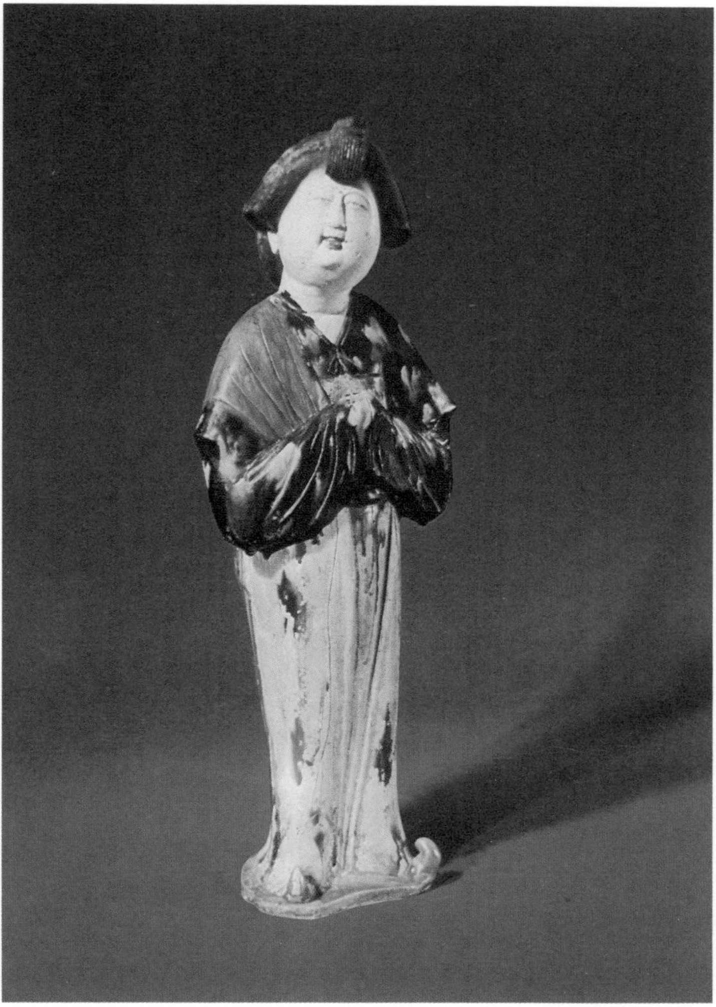

小袖披帛長裙婦女（西安鮮于庭誨墓三彩陶俑）

高髻花冠金步搖、披帛長裙薄紗衣的貴婦（傳唐周昉《簪花仕女圖》）

墮髻或簪花進香女（麥積山壁畫）

梳高髻，著半臂長裙披帛、重台履的貴族婦女和捧持生活用具的侍女（唐永泰公主墓壁畫）

髻[1]，便顯得蓬鬆。女鞋一般是花鞋，有平頭、高頭之分，多用錦繡織物、彩帛、皮革做成。綫鞋則用彩綫或麻綫編結而成。鞋的名目有彩帛縵成履、吳越高頭草履、重台履、金薄重台履，官服中則有高牆履等。

隋唐人善於融合西北少數民族和天竺[2]、波斯等外來文化，這在婦女服裝上有明顯的反映。唐貞觀至開元年間（六二七至七四一年）十分流行胡服新裝，戴金錦渾脫帽，著翻領小袖齊膝長襖或男式圓領衫子，穿條紋間道錦小口褲，腰繫金花裝飾的鈿鏤帶[3]，足登軟底透空緊勒靴；部分髮髻上聳如俊鶻展翅，臉上無例外地用黃色星點點額，頰邊畫二月牙，或在嘴角酒窩間加兩小點胭脂。待到元和年間（八〇六至八二〇年），更發展到蠻鬟椎髻，烏膏注唇，赭黃塗臉，眉作細細八字低顰。還有一種貼臉的

1 **義髻**：即假髻。《新唐書．五行志》曾誌「楊貴妃常以假髻為首飾，而好服黃裙……時人為之語曰『義髻拋河裏，黃裙逐水流』」。

2 **天竺**：古國名。一名身毒，又譯賢豆、浮圖胡等。唐玄奘《大唐西域記》正音「印度」。

3 **鈿鏤帶**：鈿，金花；鏤，雕刻，鏤金。鈿鏤帶即雕琢金花為嵌飾的腰帶。

花冠、椎髻、披帛之元和時世裝貴婦（摹《唐人宮樂圖》）

團花錦翻領小袖胡服女（新疆吐峪溝絹畫）

圓領或翻領長衣佩蹀躞帶侍女（唐永泰公主墓石刻綫畫）

陝西唐墓石刻半臂長裙披帛貴婦（女金錦渾脫帽簪步搖，高髻、重台履）

「茶油花子」[1]，有花鳥諸般圖形，平時盛在小銀盒內，用時取出，呵氣加溫，就可貼作面靨[2]，盛行時滿臉都是大小花鳥。五代後期還講究濃眉上翹的倒暈蛾翅眉，頭上滿插用金、銀、玉、象牙或玳瑁[3]製成的小梳。

唐初，婦女沿襲北齊、隋代舊習，騎馬出行必用一種大紗帽隱蔽全身，叫作冪

1 **茶油花子**：花子，古代婦女面飾，唐人謂起自武則天時上官婉兒，用以掩點跡。又有草油花子。馬縞《中華古今注》稱秦始皇常令宮人貼五色花子；東晉童謠說時人貼草油花子紀念織女。

2 **面靨**：靨，即靨輔，俗稱「酒窩」。面靨即妝成的酒窩，又稱「靨飾」，是顏面妝飾藝術。唐人段成式《酉陽雜俎．黥》稱「近代妝尚靨如射月，曰黃星靨」。

3 **玳瑁**：形狀像龜的一種爬行動物，甲殼呈淡黃色與褐色相間的花紋，有斑，光滑，與象牙都是古老的裝飾品材料，如西晉張華《輕薄篇》：「橫簪刻玳瑁，長鞭錯象牙。」

唐人回鶻髻

圓領小袖胡服長衣（右人翻領）、佩承露囊的高髻侍女（西安南里王村石刻）

戴帷帽的唐代婦女（原物及手繪）

羅[1]，後來發展成帷帽[2]，帽形如斗笠，周圍垂網簾至頸，或空出前部，靚妝[3]露面。至今中國南方農村婦女仍有類似的遮陽帽。盛唐以後，帷帽廢除，但都市婦女還將部分紗羅貼在前額作為裝飾的，名為透額羅。

隋唐之後的五代十國[4]，封建經濟進一步發展，服飾生活顯得更為繁榮。幾十年的割據預示著國家的統一，政權的頻繁更迭使服飾文化的底蘊更為厚實。

---

1 **冪羅：**冪，蓋巾。羅，頭巾。冪羅即「面幕」，婦女障面的古巾子。唐代武德、貞觀年間多被宮人出行所用，不讓路人偷看了容顏。

2 **帷帽：**在緣邊縫垂紗網的帽，主要作用是出行以防風沙。唐代太宗以後，以帷帽露臉為時髦，因而取代遮面冪羅，高宗卻不以為然，故敕令「坐簷子」。至宋代衍變為紫羅方巾遮蔽全身，時稱「蓋頭」。

3 **靚妝：**靚，妝飾艷麗；靚妝，即濃妝、艷妝、華美之妝，韓愈《東都遇春》：「川原曉服鮮，桃李晨妝靚。」今普通話中受粵語方言影響，靚可表示漂亮的意思，音亮，如「靚女」、「靚仔」、「靚麗」，但「靚妝」及「靚衣」、「靚莊」中字音為靜。

4 **五代十國：**唐代滅亡之後，中國中原地區出現了五個朝代和割據西蜀、江南、嶺南和河東的十個政權，歷史合稱五代十國。五代為後梁、後唐、後晉、後漢、後周，十國是前蜀、後蜀、南吳、南唐、吳越、閩、南楚、南漢、荊南（南平）和北漢。

著鈿釵禮衣或其他大袖盛裝的貴族命婦（唐敦煌壁畫《樂廷瓌夫人行香圖》，畫中三人著透額羅）

結隊騎馬山行的帷帽女子（傳唐畫《明皇幸蜀圖》局部）

甘肅安西榆林窟五代壁畫人物：著展翅幞頭、圓領袍服的官員（右）和著鈿釵花冠、官服盛裝的貴婦（左）

故新婦娘子翟氏供養
新婦娘子閻氏供養
姪女小娘子出適李氏

五代花冠

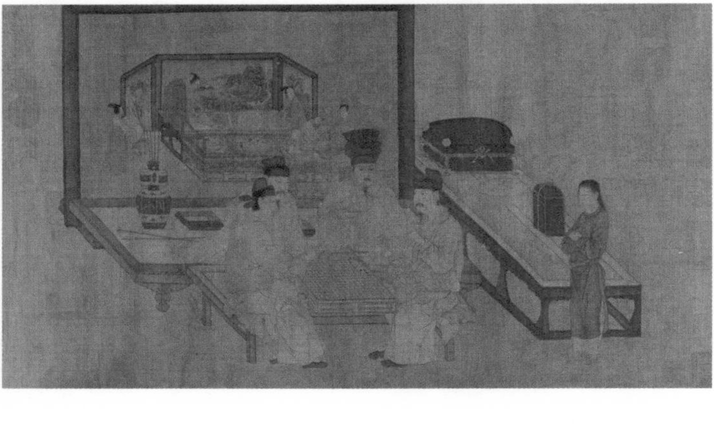

《重屏會棋圖》中著交領便服的南唐帝王、文臣和著圖領衣、散髮的僕侍

《韓熙載夜宴圖》中的披帛樂伎和著幞頭、圓領衫的文人、侍從等

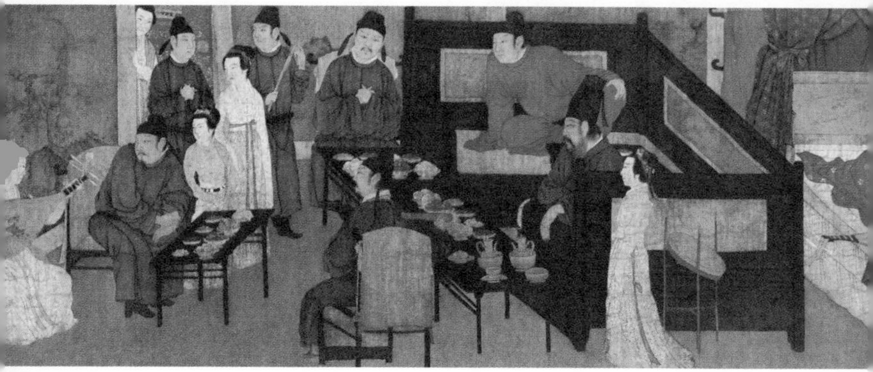

隋唐社會中上層和殷實之家做衣服多用絲綢，並經多種工藝處理。彩錦，是五色俱備織成種種花紋的絲綢。最常見的是成都小團窠錦[1]，常用作半臂和衣領邊緣服飾。特種宮錦[2]，花紋有對雉、鬥羊、翔鳳、游鱗之狀，章彩綺麗，常用於屏風、舞茵帷帳。

彩綾，成本色花或兩色花，用於官服，有鸞銜長綬、雁銜威儀、俊鶻銜花等名目；此外還有孔雀羅、樗蒲綾[3]、鏡花綾和織造精美的繚綾[4]等。

1 **小團窠錦**：北朝至唐初出現的一種團花文錦。是經綫分表經、裏經，緯綫分尖緯、交織緯的斜紋經錦。小團窠為文錦圖案形式。窠，術語，指綾錦製造中界格花紋，以求勻整，也稱「擘窠」。

2 **宮錦**：宮中特製的錦緞。《舊唐書》描寫李白：「白衣宮錦袍，於舟中顧瞻笑傲，旁若無人。」

3 **樗蒲綾**：樗蒲，古代博戲，類如擲色子。最早的綾在織物表面重疊崇山峻嶺形斜路，「望之如冰凌之理」而名為綾，樗蒲綾及後文鏡花綾，以及「馬眼」、「魚口」、「蛇皮」、「龜甲」等名目都屬綾理窠造而妙得生動形象。

4 **繚綾**：一種高貴的綾絹。白居易《繚綾》：「繚綾織成費功績，莫比尋常繒與帛。」繒、帛，絲織物通稱，戰國以前稱帛，秦漢以後稱繒。

唐代寶藍地小花瑞錦

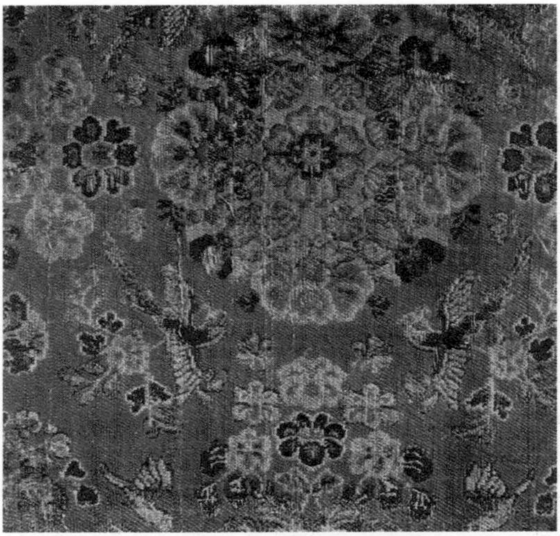

唐代絲綢：紅地花鳥文錦（右上）、聯珠鹿文錦（右下）、花樹對鹿文綾（左下）和狩獵紋印花絹（左下）

刺繡，有五色彩繡和金銀綫繡。另外還有堆綾貼絹法[1]，溫庭筠詞「新貼繡羅襦，雙雙金鷓鴣」即指此法。

泥金銀繪畫，即用金粉、銀粉畫在衣裙材料上。舞女衣裙用繡畫加工較多。

印染花紋，分多色套染和單色染。簡單花紋有「魚子纈」，只作方框形小點子，或作梅花、柿蒂、方勝、網格花紋，多屬撮暈絞纈（紮染）類，相當費工。大花五彩多層蠟染、板印，色彩絢麗爛漫，亦稱夾纈或撮暈錦，多對薄質紗羅加工，爭奇鬥勝，使衣著、披帛式樣不斷翻新。

相對貧困的平民百姓雖然也可以用普通的素色絲綢，但麻布類織物仍然是他們主要的衣服材料。

1 **堆綾貼絹法**：即「堆絹」。用彩色綾絹做出人物花鳥貼附在衣服上，作點綴裝飾。

Chapter VII

七 宋遼夏金元服飾

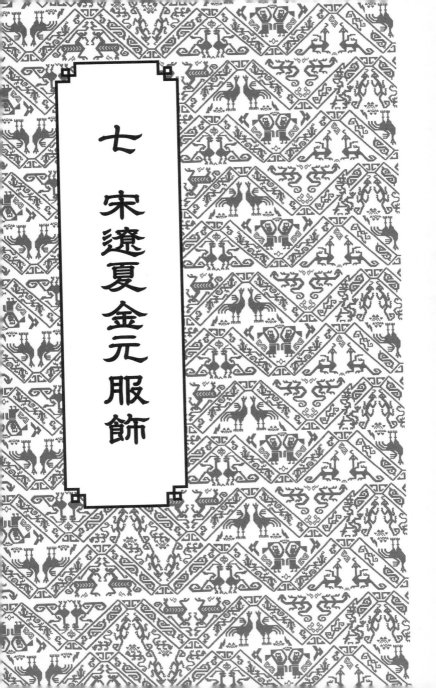

宋代（九六〇至一二七九年）基本保留了漢民族服飾的風格，遼、西夏、金及元代的服飾則分別具有契丹、党項、女真及蒙古民族的特點。由於長期爭戰，客觀上促進了各民族服飾的再度交流與融合。

宋代政權建立後，博士聶崇義[1]於建隆二年（九六一年）上《三禮圖》[2]，奏請重新制訂了服制。此後一百多年間，又幾度加以完善，且對民間多有禁例，「衣服遞有等級，不敢略相陵躐」。然而由於宋代政治、經濟等因素影響，「衣服之章，上下混淆」，南宋時已不可遏制。社會上層衣服算是符合常規的，大致有官服、便服、遺老服三式。

宋初統一南方的過程中，從長江流域的後蜀、南唐、吳越得到錦繡彩帛達幾百萬匹。為示威天下，趙匡胤把兩萬多人的儀仗隊用織繡印染的各種絲綢裝扮起來，名作

1 **聶崇義**：宋太常博士。洛陽人，後漢時官居國子《禮記》博士，後周官太常博士。趙匡胤開國第二年，聶崇義即考正《三禮圖》，奏准頒行大宋。

2 **《三禮圖》**：三禮，儒家經典《周禮》、《儀禮》、《禮記》的合稱。漢鄭玄、晉阮諶、唐張鎰等人曾撰《三禮圖》，宋博士聶崇義於後周顯德年間奉詔參照前代六種舊圖編撰《三禮圖》二十卷並保存下來，但宋人沈括、歐陽修認為多與《三禮》不合。

聶崇義《三禮圖》中的皇帝袞冕（右）和皇后褘衣（左）

「繡衣鹵簿」[1]，還繪有圖卷，現存元人墓繪《大駕鹵簿圖》[2]中道段即有四千八百多人，保留下許多宋代官服制度的重要資料。

宋代官服面料以羅[3]為主，江浙地區每年上貢花、素羅即達數十萬匹；高級絲織物還有緊絲、透背、隔織、綾、錦、綺、縠[4]、纈[5]、絹等，《燕翼貽謀錄》[6]記載加金

1 **繡衣鹵簿**：鹵簿，鹵是大盾，甲盾的先後部伍次序都註於簿籍，故稱鹵簿；代指帝王駕行時的扈從儀仗隊。出行目的不同，儀式有別；扈從皆著繡衣，旨在宣揚對天下的擁有。

2 **《大駕鹵簿圖》**：原題元人曾巽初纂進。卷子並序長逾七丈，全部彩畫。並於每一部分上角，照《唐六典》方法附引史志記載做沿革說明。內中除車乘、旗仗、樂器、兵械不計，僅人物即達四千八百多。

3 **羅**：採用條形絞經羅組織的絲織物，有橫羅、直羅之分。中國織羅的歷史很久，出土商代文物即發現羅的殘片，秦漢時期花羅已很精美，唐代官營織造有專門「羅作」，以宋代羅織物最為盛行。

4 **縠**：古代稱質地輕薄纖細透亮的縐紗。宋玉《神女賦》中有「霧縠」，是說縠薄如霧。

5 **纈**：古稱染花的絲織品為纈。也專指織物上的印染花紋。

6 **《燕翼貽謀錄》**：宋人王林著，輯錄宋太祖至宋仁宗之法令故事一百六十一條，各細說其興革得失的原因以為鑒戒。

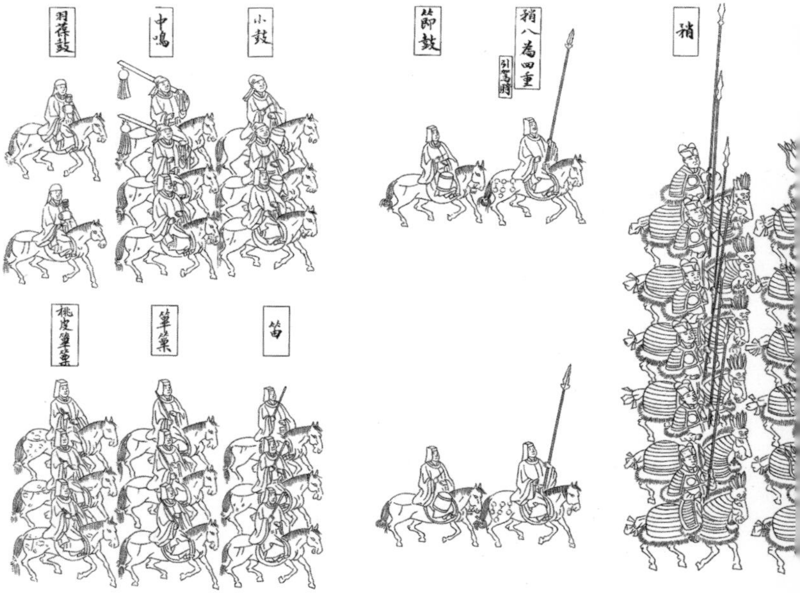

《大駕鹵簿圖》中著圖領袍、大口袴樂部和平巾幘、甲騎裝武衛

技術達十八種之多；織物花紋突破了唐代對稱圖案，尚生色折枝花，《蜀錦譜》[1]、《佩楚軒客談》均作有記述；河北定州織造的通經斷緯的刻絲[2]，能隨心所欲作花鳥禽獸。

政府又因五代舊制，每年照例要贈送親貴大臣錦緞袍料，分七等不同花色。官服服色沿襲唐制，三品以上服紫，五品以上服朱，七品以上服綠，九品以上服青。官服服式大致近於晚唐的大袖長袍，但首服（冠帽等）已是平翅烏紗帽，名直腳幞頭，君臣通服，成為定制。差吏男僕則按規定戴兩翅向後上方彎曲的曲翅幞頭。

宋代官服又沿襲唐代章服的佩魚制度，有資格穿紫、緋色公服的官員都須在腰間佩掛「魚袋」，袋內裝有金、銀、銅製成的魚，以區別官品。「方心曲領」也是朝服的特徵，即朝服項間套一上圓下方的飾物。

宋代官員公服、制服之外的日常便服，主要是小袖圓領衫和帽帶下垂的軟翅幞頭，

1 《蜀錦譜》：蜀錦，傳統絲織物，杜甫有「越羅蜀錦金粟尺」句。元代費著撰《蜀錦譜》，記載蜀錦產地除蜀之外，還有秦州、湖州等地。各地錦之織法源自蜀，相沿為名，因此通稱蜀錦。

2 刻絲：即緙絲。宋莊綽《雞肋編》詳記「定州織刻絲」情形。

宋太祖像，著展翅幞頭、圓領黃袍、紅帶、皂靴

岳飛像

依然唐式，腳下卻不穿唐時的烏皮靴，改著更便於平時起居的便鞋。

宋代幞頭名目繁多，御前服務內侍、值班、儀衛戴兩腳屈曲向後的「花裝幞頭」、兩腳向上捲曲幞頭、一腳指天一腳捲曲幞頭等，具體形象在開化寺宋代壁畫、岩山寺金代壁畫中均有反映。差吏男僕按規定戴兩翅向後上方彎曲的「曲翅幞頭」，式樣可見於宣化遼墓壁畫。普通人裹頭巾則無嚴格限制。

宋代遺老的代表性服飾為合領（交領）大袖的寬身袍衫、東坡巾。袍用深色材料緣邊，以存古風。東坡巾為方筒狀高巾子，相傳為大文學家蘇東坡創製，實為古代幅巾的復興；明代的老年士紳還常戴用。

勞動人民的衣著變得更短，原因是生產雖有發展，生活卻益加貧困。農民和漁夫因而開始被稱作「短衣漢子」。

宋代服制的興廢，多與時裝的流行有關。從《清明上河圖》[1]看，上層人物多穿齊

1 **《清明上河圖》**：宋畫院畫家張擇端作。圖高不滿尺，長兩丈，絹本，描繪北宋京城開封汴河兩岸的景物，記錄了當時的社會生活，筆法纖細，構圖精妙。

《春遊晚歸圖》中幞頭袍帶的官吏和短衣縛袴的隨同差役

高巾子交領襴衫退職文人（宋李公麟《會昌九老圖》局部）

《宋太祖蹴鞠圖》

宋墓壁畫中著曲腳幞頭、圓領大衫的男伎樂和著花冠長裙、對襟旋襖的女伎樂

蘇軾像，戴東坡巾

整的袍衫，長可掩足；平民大眾則捋袖敞襟、繫帶裹腿，以便活動。許多服飾在款式、色彩及圖案上反映著宋人的崇尚。女性之美，唐代尚體態豐滿，晚唐女服更寬大拖沓，宋代女裝則一改唐風，講求瘦長，以顯露身材之苗條，宋人繪《瑤台步月圖》、《花石仕女圖》以及偃師酒流溝出土宋磚刻婦女，都是這種時裝的寫照。新式的旋襖、胡服等，新穎、大方、素雅。除官員的公服以外，民間服裝一般更多地使用複雜而調和的色彩。一般貴族和官僚婦女，衣著雖不及唐時華麗，卻配色大膽，已打破唐代以青、碧、紅、藍為主色

旋襖長裙貴婦（宋《瑤台步月圖》）

《花石仕女圖》中著重樓子花冠的女子（右立者）

的習慣；由於清明掃墓必穿白色衣裙，又流行「孝裝」，以一身縞素[1]為美。當時衣帽材料始用纈帛（印花絲綢）、銷金（加入金綫編織的絲織品），花紋突破了唐代對稱圖案，生色折枝花尤為時尚。這些服飾新風格，常常一面被百官服、命婦服引用，又一面對庶人服、商賈服禁用。南宋末年，表明社會進步的時裝被稱為「奇巾異服」，卻又不斷鬥美誇麗。

1　縞素：縞，細白的生絹。縞素，本指白色喪服，此只取白色意義，古人並用來比喻清白儉樸。

《清明上河圖》中的巾子小袖長衣市民、小冠大袖袍服道士、帷帽婦女和笠帽短衣人等（手繪）

《解鹽圖》中宋時「隨遇而衣」的人物

宋時裝大體有兩類。一類為傳統服裝的繼承和發展。以旋襖最有代表性，流行也最廣泛。其款式與唐代齊膝短大衣式的胡服新裝相近。其特色：一是直領，鑲一道花邊叫「領抹」，多用捻金綫彩繡四季翻新花様，謂之「一年景」，繡作者皆出諸寺師姑之手，且設有專市估定東京大相國寺[1]兩廊交易；二是對襟，無紐常敞（故又稱不對襟），任其露出腰腹圍（尚鵝黃色，稱腰上黃）；三是小袖，袖口及腕縮緊，不同於背子（背心）或半臂（半袖）。

宋時裝的另類，是對周鄰少數民族服飾的吸收。以釣墩最有代表性。它是女子的襪褲，沒有褲腰，兩腿分離，與氈笠、彎頭雙色鞋及服裝間色，都屬當時契丹、女真風

1 **大相國寺**：在河南開封。北朝齊天保六年（五五五年）建大建國寺，後廢。唐施僧重建，因睿宗原封相王，改名相國寺。宋至道二年（九九六年）重建，題名大相國寺。僧房散處，而中庭兩廡可容萬人，每月開放五次，為買賣大市場。

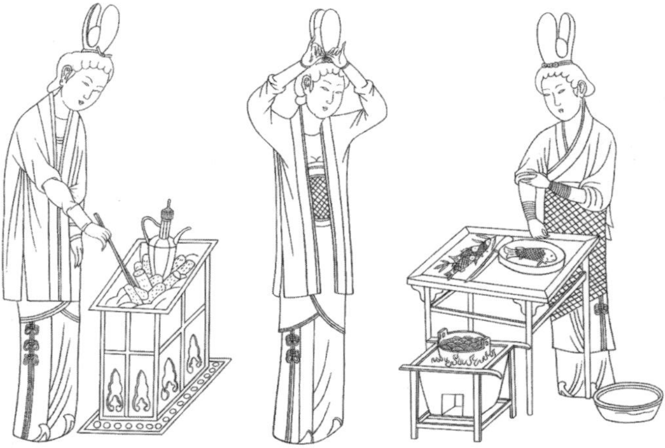

著高冠髻、小袖對襟旋襖（或交領衣長圍腰）、長裙的廚娘（河南偃師宋墓磚刻）

宋《雜劇人物圖》中著對襟旋襖、釣墩襪褲、彎弓短靴的女角

俗，士庶仿效，無法禁絕。朱熹[1]曾為之感慨：「今世之服，大抵皆胡服」，可見流行之廣而盛。

宋代民間首服也有種種流行。男子流行幞頭、幅巾，女子除婢女丫鬟頭上梳雙鬟、丫角，或綰兩個元寶髮髻，一般則流行花冠和蓋頭。婦女髮式和花冠，是當時對美追求的重點，最能表現宋代裝束的變化。唐及五代的女子花冠已日趨危巧，宋代花冠再加發展變化，通常以花鳥狀簪釵梳篦插於髮髻之上，無奇不有。簡單的，頭髮做成玉蘭花苞式；複雜的，有飛鬟危巧的尖新式、如鳥張翼式，甚至重疊堆砌如一花塔。後一種大概是仿照當時特種牡丹花「重樓子」，用羅帛製作加於高髻之上，後來竟高過三尺，所用角梳也大過一尺二寸。高髻險裝風氣日盛，不得不用法律限制尺寸，但上行下效，禁令也無濟於事，必待新花樣出現成風，才能轉移先前的愛好。至於后妃公主則無比奢華，

1 朱熹：一一三〇至一二〇〇年，宋代理學家。一一四八年登進士第，一一五一年開始為官，但一再辭職，專心著書講學。他知識淵博，著述豐富，涉及各個領域。朱熹的理學主要包括哲學義理和倫理道德學說，提出「格物致知」、「正心誠意」、「居敬」等一系列理論，成為理學的正統；理學成為官方的哲學，朱熹也被後代尊為「大賢」。

白沙宋墓壁畫：著高花冠、對襟旋襖的富家婦女（右），以及著幞頭、圓領衣和梳高髻、著交領衣的宗室地主夫婦（左）

梳椎髻，著交領衣、襇裙的家常女裝民婦（四川大足摩崖石刻）

著龍鳳花釵等肩冠、交領大袖花錦袍的宋神宗皇后

著龍鳳花釵冠、交領大袖花錦袍的宋仁宗皇后和著「一年景」花釵冠、白玉帶圓領花錦衣、彎頭鞋的宮女

衣服既用珍珠裝飾，椅披、腳墊也滿飾珠玉，頭上的鳳冠更講究用金翠珠玉作種種花樣，有的用掐絲法表現一大群仙女隨西王母赴蟠桃宴故事，名「王母隊」，等於把一台樂舞模型安放在頭頂，後面還附有兩個翹膀，下垂肩際，這種帽子叫等肩冠。還有蓋頭，是士大夫女眷出門必帶之物，以巾蒙首，稱幂首巾，南宋尤盛，因朱熹提倡，後人稱「文公兜」；婚禮為重，用銷金蓋頭。

遼（九一六至一一二五年）、西夏（一〇三八至一二二七年）、金（一一一五至

壁畫上的西夏貴族供養人裝扮：花冠金步搖、右衽長衣百褶裙（右），渾脫帽、右衽袍、佩腰袱蹀躞帶（中）和後披冠子、圓頂小袖錦繡衣、佩蹀躞帶（左）

五代《卓歇圖》中的契丹貴族（裹巾子、佩豹皮弓韜、著圓領長袍，或戴高冠、著交領左衽袍）及髡發侍從

髡髮、著圓領或皮領小袖袍、長靿靴的契丹將士（摹《便橋會盟圖》）

一二三四年）分別為中國古代契丹[1]、党項[2]、女真[3]民族建立的政權，其服飾反映了在與漢民族進行長期文化交流中，各自發揚民族傳統的發展軌跡。

党項族婦女多著翻領胡服，領間刺繡精美。契丹、女真族一般穿窄袖圓領齊膝外衣，足下著長筒靴，宜於馬上作戰射獵。婦女穿窄袖交領袍衫，長齊足背，都是左衽，正與漢人相反。所習慣穿用的釣墩傳到內地，影響到漢族中上層婦女，雖被視為奇裝異

1　**契丹**：中古中國東北地區民族，至唐末強大。契丹本分八部，每三年推一人為盟主，九〇七年耶律氏為盟主，九一六年阿保機稱王，建國號契丹，九四七年改稱遼。契丹國勢遠及中亞，中世紀中後期西方許多國家的人以「契丹」指北部中國，這一名稱因十三世紀蒙古西征進而指稱全中國。

2　**党項**：六至十四世紀活躍於中國西北地區的羌族的一支，居今四川西北至青海河曲一帶山谷間，以姓氏為部落，其中拓跋氏最強。五代時拓跋思恭勢力增強，以夏州為中心的党項人控制了當時的中西交通綫，從中繼貿易獲利甚豐。一〇三八年，思恭後代元昊正式即西夏皇帝位。

3　**女真**：中國古代東北地區少數民族。與肅慎、挹婁、勿吉、靺鞨有淵源關係。遼代女真臣服於遼。明代將女真劃分為三大部分：建州女真、海西女真、野人女真。建州女真的努爾哈赤自明萬曆十一年（一五八三年）起兵，經三十多年戰爭基本上統一了女真，建立金國。其子皇太極一六二六年繼位。一六三五年廢女真稱號，只稱滿洲，次年改國名為清。從此滿族成為族名，其餘女真各稱赫哲、鄂倫春、鄂溫克等族名。

契丹人或女真人臂鷹出獵

編為遼人樂部，仍著北宋幞頭、寬衫官服的降員（河北宣化遼代壁畫《散樂圖》）

服而受到一再禁止，卻禁而不止，廣為流行。此外，黑龍江阿城金代貴族墓出土的男女服裝中，還有一種前面連腰、後面敞開的分襠褲，褲口還附有可套於腳心的環帶（制式恰如現今的健美褲），前腰高及胸部、上有肩帶，後附背帶三對，可以結束在胸前，形制與江陵馬山戰國楚墓出土的綿袴非常相似，也許還與《漢書》提到的多帶「窮袴」[1]有關聯。

當時北方民族男子髮式一般髡髮，即剃去頂髮，餘髮散披或結辮下垂耳旁。有身份或交納大量駝馬財物的，才許可攏髮裹巾，巾式類似唐代幞頭。

遼、金政權考慮到與漢族雜處共存的現實，都曾設「南官」制度，以漢族治境內漢人，對漢族官員採用唐宋官服舊制。遼代以絲綢官服上山水鳥獸刺繡紋樣區分官品，影響到明清官服的等級標識。金代則以官服上花朵紋樣大小定尊卑，品級最低的用無紋或小菱紋的芝麻羅，「芝麻官」俗語即由此而來。

1 窮袴：又作窮絝。《漢書》服虔註謂「窮絝有前後襠」。

明摹宋《胡笳十八拍》中反映女真制度的人物服飾(巾幘、右衽制度為漢家衣冠)

契丹、女真男服因便於行動，也為漢人採用。如《中興四將[1]圖》畫像中抗金名將岳飛、韓世忠身邊家將的便服，已與金人男服無大區別。彼此影響的原因雖不盡同，或為政治需要，或從生活出發，但可看出民族融合多出於現實要求，即使在民族矛盾十分激烈的時期，也是如此。

元代（一二〇六至一三六八年）由忽必烈滅南宋入主中原的歷史不足百年，其間，於延祐元年（一三一四年）參酌古今蒙漢服制，對上下官民服色等做了統一規

1 **中興四將**：南宋初抗金名將岳飛、韓世忠、劉光世、張俊。

蒙古族結髮、左衽上衣女僕和笠帽、右衽繫帶袍男僕

元代雜劇人和奏樂人戲裝（山西廣勝寺壁畫）

尖頂笠帽、小袖短袍蒙古族青年和唐式幞頭、圓領服男子（河南焦作金墓樂舞俑）

元代著交領袍服、不同帽式的蒙古族官吏和敬酒、奏樂僕人（元本《事林廣記》插圖）

元人水陸道場場景中的市井生活人物

定。漢官服式仍多為唐式圓領衣和幞頭。蒙古族官員則穿合領衣，戴四方瓦楞帽；中下層為便於馬上馳騁，最時興腰間多褶的辮綫襖子（圓領緊袖袍，寬下襬、摺褶、有辮綫圍腰）、戴笠子帽。

元代長衣通名為袍，其式樣在北方男女區別並不大，但材料精粗貴賤，卻相差懸殊。高級大官服多採用鮮明紅彩織金錦[1]，且沿襲金制從花朵大小定品級高低，下級辦事人只許用檀褐色羅絹。平民一般禁止用龍鳳紋樣和金、彩，只許用暗色紵絲[2]。至元二十二年（一二八五年）還令「凡樂人、娼妓、賣酒的、當差的，不許穿好顏色衣」。由於禁令限制，反而促使勞動人民因地取材創造了種種不同的褐色，多達四五十種名目，後來還影響到帝王衣著破例採用褐色。

髮式，漢族男性變化不多，北方的漢族女性較前簡化。蒙古族男性則把頂髮從額前垂下一小綹或留作桃形，餘髮編成大環或麻花狀，垂在耳邊，帝王也不例外；女性多綰

1 **織金錦**：錦以精練染色的桑蠶絲為經緯原料，採用加金工藝織進各種金銀綫的文錦稱金錦或織金錦。

2 **紵絲**：古稱苧麻和苧麻布為紵。據《說文》：粗布叫紵，紵絲應是苧麻粗布纖維。

髮髻，貴族加戴姑姑冠（罟罟冠），高到二三尺。帝王尤喜愛各式帽，俱用精美珍貴材料做成，綴珠玉以示尊貴。

元代紡織物有納石矢[1]金錦、渾金搭子、金段子[2]、氁子（毛段子）、兜羅錦、三梭羅、大綾、小綾、南絹、北絹、木綿布、番綿布……種種名目。元代每年舉行十餘次大朝會，屆時萬千官員穿同一顏色、式樣，納石矢金錦並加飾珠寶的高級禮服，稱作質孫服，糜費為歷朝少有。這種服式到明代卻被用作差役服裝。前一代的華服變成後一代的賤服，歷史上並不罕見，是改朝換代影響服飾變化的一種必然現象。

1 納石矢：金元時以「加金」為主要藝術表現形式的織金錦。

2 段子：中國特產的一種絲織品，即緞子。「段」為「緞」本字。段子質地厚實而富有光澤，古又稱織絲。

元世祖忽必烈（右，暖帽、辮環、一色質孫服）和皇后徹伯爾（左，真珠姑姑冠、納石失袍金錦緣）

Chapter VIII

八 明清服飾

明、清兩代的服飾面貌有較大差異。明代以漢族傳統服裝為主體，清代則以滿族服裝為大流。而兩代上下層社會的服飾均有明顯等級。

明代（一三六八至一六四四年）政權建立後，曾力圖消除元代蒙古族服制對漢族的影響，「悉命復衣冠如唐制」，但未能真正貫徹，當務之急是安定社會、發展生產。至洪武二十六年（一三九三年）才確定了許多主要服飾。由於明代政府非常重視農業，推廣植棉，棉布得到普及，普通百姓的衣著也得到了改善。

上層社會的官服是權力的象徵，歷來受到統治階級的重視。自唐宋以降，龍袍和黃色就為王室所專用。明朝因皇帝姓朱，遂以朱為正色；百官公服自南北朝以來紫色為貴，至明代又因《論語》有「惡紫之奪朱也」，紫色自官服中廢除不用；黃、紫之外，玄色也在禁例。官袍樣式近似唐代圓領服而尺寸寬大，盤領右衽，兩側各多出一塊，稱「襬」；衣料多用紵絲或紗、羅、絹，但顏色、花紋有別。明初規定「一品至四品，緋袍；五品至七品，青袍；八品、九品，綠袍；未入流雜職官與八品以下同。公服花樣：一品，大獨科花，徑五寸；二品，小獨科花，徑三寸；三品，散答花，無枝葉，徑

明定陵嵌珠寶九龍九鳳金冠

明定陵二龍戲珠金絲冠

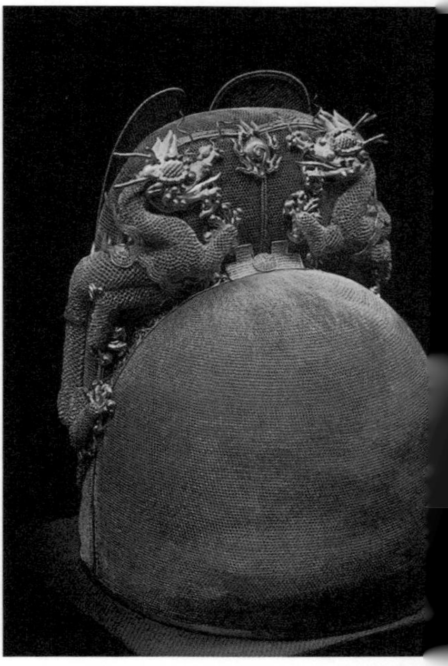

二寸；四品、五品，小雜花紋，徑一寸五分；六品、七品，小雜花，徑一寸；八品以下無紋。幞頭：漆、紗二等，展角長一尺二寸；雜職官幞頭垂帶」，後復令展角，不用垂帶。實際沿襲宋元而稍有不同。

最有特色的是用「補子」表示品級。補子是一塊四十至五十厘米見方的綢料，織繡上不同紋樣，再縫綴到官服上，胸背各一。文官的補子紋樣用禽鳥，武官用走獸，各分九等。如文官自

明臨淮侯李言恭畫像（右，斗牛補服）和明岐陽王世家曹國夫人袁氏畫像（左，鳳冠霞帔，過肩蟒服）

明朝官服補子（《大明會典》）

武一品　獅子

文一品　仙鶴

武二品　獅子

文二品　錦雞

武三品　虎豹

文三品　孔雀

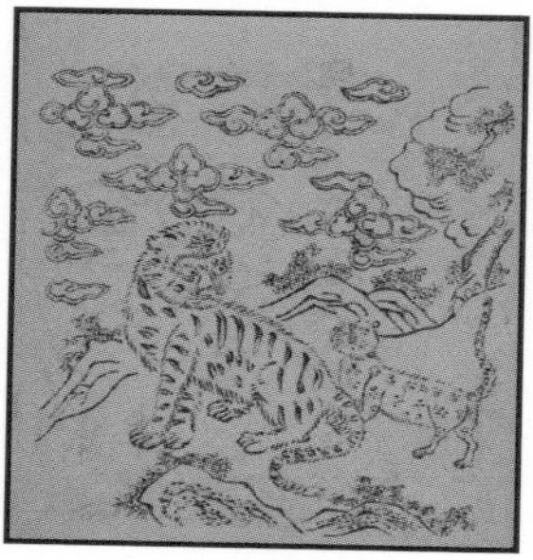

武四品 虎豹

文四品 雲雁

武五品 熊羆

文五品 白鷴

武六品 彪

文六品 鷺鷥

武七品 彪

文七品 鸂鶒

武八品 犀牛

文八品 黃鸝

武九品 海馬

文九品 鵪鶉

明代絲綢紋樣：落花流水花綾（右上）、燈籠緞（右下）、球路文錦（左上）和龍鳳穿花織金緞（左下）

明代青地牡丹加金錦

一品以下，依次用仙鶴、錦雞、孔雀、雲雁、白鷳、鷺鷥、鸂鶒、黃鸝、鵪鶉，雜職練鵲；武官一品、二品獅子，三品、四品虎豹，五品熊羆，六品、七品彪，八品犀牛，九品海馬。平常穿的圓領袍衫則憑衣服長短和袖子大小區分身份，長大者為尊。

明代官員的主要首服沿襲宋元幞頭而稍有不同。皇帝戴烏紗摺上巾，帽翅自後部向上豎起，官員朝服戴展翅漆紗幞頭，帽翅長達一尺二寸；常服戴烏紗帽。入冬以後，皇帝還賜給百官毛皮暖耳，很像後世的耳套，平民不准使用；同時有披肩、圍脖等禦寒用品。受到誥封的官員妻、母，也有以紋、飾區別等級的紅色大袖禮服和各式霞帔[1]。此外，上層婦女中已著用高跟鞋，並有裏高底、外高底之分。

明代普通百姓的服裝或長或短，或衫或裙，基本上承襲了舊傳統，且品種十分豐富。當時出現一種長身背心，狀似士兵的罩甲，故名馬甲，在青年婦女中尤為流行。軍士（大概也包括差役）的服裝，袖口僅可出拳。服飾用色方面，平民妻女只能衣紫、綠、桃紅等色，不得用大紅、鴉青、黃等色，以免與官服正色相混；勞動大眾只許用褐色，

1 **霞帔**：帔，披肩。霞帔，形容帔有霞彩。霞帔是類似披肩的命婦禮服。

富家高頂髻、絹布狹領長襖長裙婢使（明刻本《唐詩豔逸品》樂舞圖）

交領長裙樂伎（明本《琵琶記》插圖）

烏紗補服官員和笠帽紅纓鼓吹（明本《玉杵記》插圖）

罩甲將士（明本《元曲選》插圖）

戴暖耳、穿補服的官員（明本《御世仁風》圖）

戴「臥兔」、遮眉勒、穿馬甲、披雲肩的明代婦女（《清宮珍寶皕美圖》，取材於明代小說《金瓶梅》）

戴網巾、著交領衣的紡織工（明本《天工開物》圖）

農民（右）、牧童（中）、打井人（左）（明刻版畫《孔子聖跡圖》）

明人風俗畫《皇都積勝圖》所見大眾衣裝

不過由於推廣植棉，棉布普及，衣著因而也有所改善。

一般人的帽，除唐宋以來舊樣依然流行外，朱元璋又親自制定兩種，頒行全國，士庶通用。一種是方桶狀黑漆紗方帽，稱四方平定巾；一種是由六片黑色絨、緞合成的半球形小帽，頂綴帽珠，稱六合一統帽，取意四海昇平，天下歸一。後者留傳下來，俗稱瓜皮帽。

清王朝（一六一六至一九一一年）於一六四四年，取代朱明，即以暴力手段推行剃髮易服，按滿族習俗統一男子服飾。順治九年（一六五二年），欽定《服色肩輿條例》頒行，從此廢除了濃厚漢民族色彩的冠冕衣裳。明代男子一律蓄髮綰髻，著寬鬆衣，穿長筒

裹巾子的農民、市民和差吏（明《水滸全傳》圖）

戴四方平定巾（右四）或戴六合一統帽（左三）的不同人物（明本《御世仁風》等插圖）

紗冠衍變：北朝漢化貴族白漆紗冠（右上）、《女史箴圖》輿服紗冠（左上）、唐鴻臚寺官員烏紗帽（右中）、《十八學士圖》紗冠（左中）、宋《名臣圖》籠巾（右下）和明臨淮侯籠巾（左下）

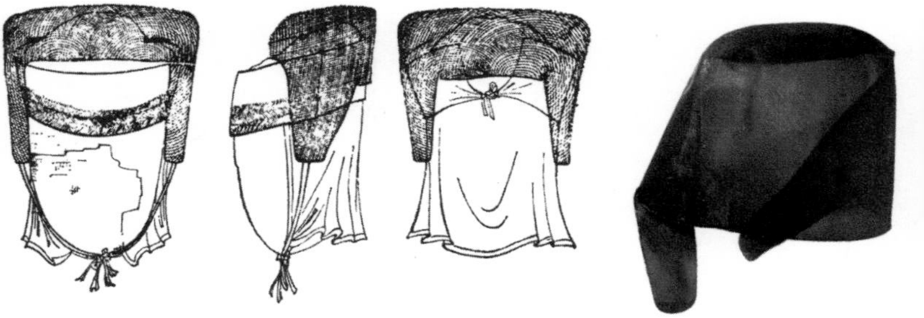

古代紗冠：馬王堆漆紗冠（右上）、武威漢墓漆紗冠（左上）、西漢亭長磚刻紗冠（右中）、沂南漢墓石刻紗冠（左中）、《洛神賦圖》侍從漆紗籠冠（右下）和北朝石室石刻籠冠（左下）

襪、淺面鞋；清時則薙髮[1]留辮，辮垂腦後，穿瘦削的馬蹄袖箭衣、緊襪、深統靴。但官民服飾依律涇渭分明。

清代官服主要品種為長袍馬褂。馬褂為加於袍的外褂，因起源於騎馬短衣而得名，特點是前後開衩、當胸釘石青補子一方（親王、郡王[2]用圓補）。補子的鳥獸紋樣和等級順序與明朝大同小異。

清代官帽與前朝截然不同，凡軍士、差役以上軍政人員都戴似斗笠而小的緯帽，按冬夏季節有暖帽、涼帽之分，還視品級高低安上不同顏色、質料的「頂子」，如一品紅寶石，二品紅珊瑚，三品藍寶石，四品青金石，五品水晶石，六品硨磲[3]，七品素金，八品、九品金頂無飾。帽後拖一束孔雀翎。翎稱花翎，高級的翎上有「眼」（羽毛上的

1 **薙髮：**薙，本指除草，貼著地芟草，後芟夷之意都稱薙，因此剃髮即薙髮。

2 **親王、郡王：**皇族中封王者為親王。漢高祖採周制，爵分九等，而皇伯叔昆弟、皇子為親王。隋朝始有郡王之稱，位次於王。唐代皇太子、諸王並為郡王，親王之子承恩澤者亦封郡王。至清代，郡王反而低於親王。

3 **硨磲：**熱帶海底軟體動物，大者長約一米，其介殼略呈三角形，前人用作覆瓦，又用作貝雕原材料。

清朝文官補服

暖帽

涼帽

親王團龍補子

蟒袍

圓斑），並有單眼、雙眼、三眼之別，眼多者為貴，只有親王或功勳卓著的大臣才被賞戴。便帽仍戴瓜皮帽，有平頂、尖頂，硬胎、軟胎之分。帽頂結子的大小、材料也隨時而變。皇帝有時還賞穿黃馬褂，以示特別恩寵。影響所及，其他顏色的馬褂遂在官員士紳中逐漸流行，成為一般的禮服。四品、五品以上的官員還項掛朝珠，用各種貴重珠寶、香木製成，構成清代官服的又一特點。

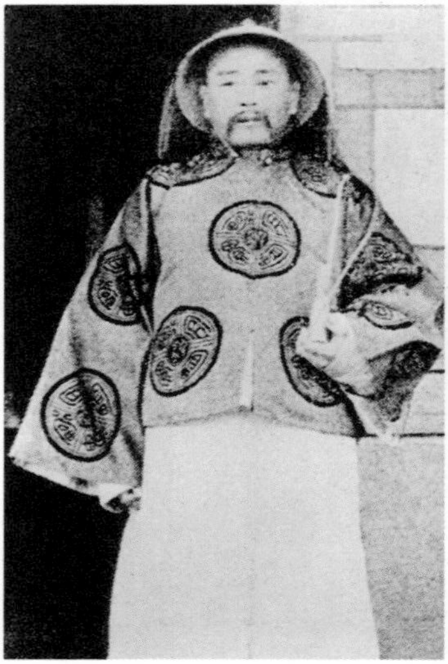

清代官吏服飾：暖帽、補服、朝珠（右）和涼帽、長袍、馬褂（左）

絲紡繡染及各種手工專業的進步，為清代服飾品種的豐富創造了條件，形成了炫耀財勢的煩瑣裝飾重於藝術表現的特點。按規定，綾羅綢緞此時已不再是官僚富戶的專用品。

清代一般男子服飾有所謂京樣高領長衫，腰身、袖管窄小，外套短褂、坎肩（背心），頭戴瓜皮小帽，手持「京八寸」小煙管，腰帶上掛滿刺繡精美的荷包、扇袋、香囊等飾物，可算是時髦打扮，北京一帶尤盛。很多地主、

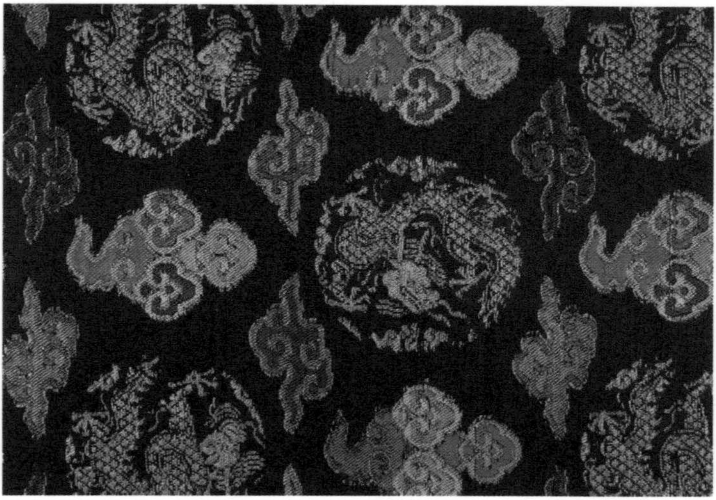

深青地如意雲兩色金蟒緞

小花格子錦（清初）

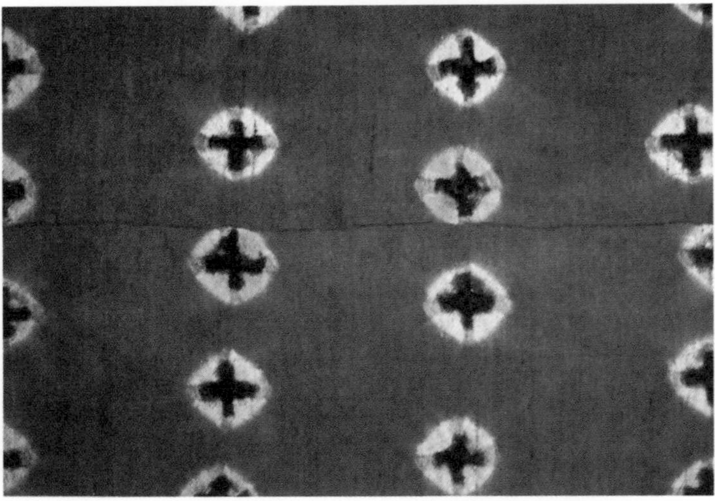

氆氌

清初織錦：壽字錦（上）和納錦（下）

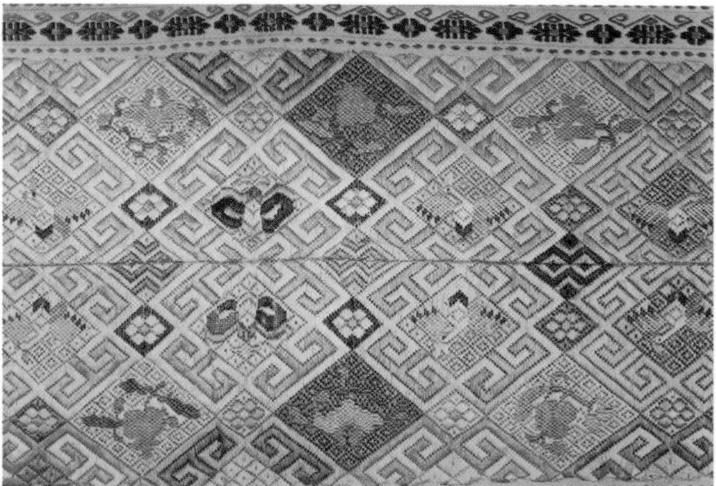

黃地瑣窗格子團龍加金錦

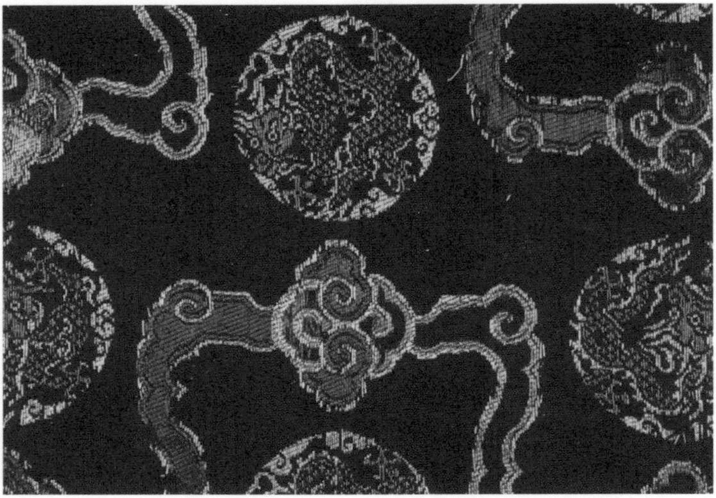

深藍地兩色金雲紋蟒緞

琵琶襟馬褂

商人就如此裝束。

清代女裝，漢、滿族發展情況不一樣。漢族婦女在康熙、雍正時期（一六六二至一七三五年）還保留明代款式，時興小袖衣和長裙；乾隆以後，衣服漸肥漸短，袖口日寬或達一尺多，再加雲肩[1]，花樣翻新無可底止；到晚清時，都市婦女已去裙著褲，衣上鑲花邊、滾牙子，多至十幾道，有「七姐妹」、「十三太保」、「十八鑲緄」諸名，一衣之貴大都花在這上面。衣襟上角愛掛金銀鏈飾、耳挖、牙籤之類小巧物件，所謂「金三事」、「銀七事」等，以做工精緻鬥勝。滿族婦女著「旗裝」，梳旗髻（俗稱兩把頭），穿「花盆底」旗鞋。至於後世流傳的所謂旗袍，長期主要用於宮廷和王室。清代後期，旗袍也為漢族中的貴婦所仿用。

1　雲肩：婦女飾物披肩的一種。《元史》記「雲肩，制如四垂雲，青緣，黃羅五色，嵌金為之」，清代雲肩雷同。

清代傳世雲肩

繡花雲肩（燕居部分）

皇后常服：百蝶袍（右）和鳳袍（左）

梳旗髻，著旗袍、旗鞋的婦女（吳友如《海上百豔圖》）

梳旗髻、著鑲緄盛裝的貴婦

簪花、穿襖裙的女人和著直裰（右）或交領衣（左）的兒童（楊柳青年畫）

《雍親王題書堂深居圖屏》之《立持如意軸》（右）和《桐蔭品茶軸》（左）

孝惠章皇后朝服像

康熙皇帝朝服像

慈禧太后常服像

Chapter IX

九 近代服飾

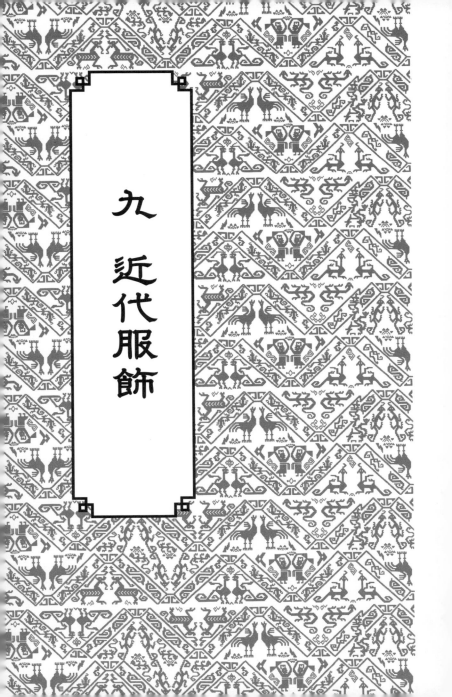

一九一一年辛亥革命結束了兩千餘年的封建君主專制，中華民族的服飾進入了新時代。

此前，改良主義者康有為於一八九四年，外交大臣伍廷芳[1]於宣統初年，曾上書改革服制和服式。康有為《戊戌奏稿》要求「皇上身先斷髮易服，詔天下同時斷髮，與民更始；令百官易服而朝，其小民一聽其便」。帝諭：「國家制服，等秩分明，習用已久，從未輕易更張。除軍服、警服因時制宜，係前經各該衙門奏定遵行外，所有政界、學界以及各色人等，均應恪遵定制，不得輕聽浮言，致滋誤會。」在變法影響下，中國留學生掀起剪辮易服風潮，紛紛改穿西裝。一九一二年，民國政府首先頒行《剪辮通令》，隨後參照西洋諸國服飾制度發佈《服制條例》；二十年代末，政府重頒《服制條例》，主要規定男女禮服和公務人員制服。

隨著中外交流的加強，五彩紛呈的服裝終於衝垮了衣冠等級制度。傳統的袍、衫、

1　伍廷芳：廣東新會人。一八四二年生於新加坡。一八七四年留學英國。獲大律師資格。一八九六年任清廷外交大臣。一九一二年任南京臨時政府司法總長，協助孫中山制定法制法令。一九一九年任護法軍政府外交部長。一九二二年六月十六日，陳炯明叛變，英、美等國助叛軍奪取廣州，伍廷芳六月二十三日憤而逝世。

襖、褲、裙越來越多地接受西方服飾影響，並被許多新品種新款式取而代之。

男裝：民國初年出現西裝革履與長袍馬褂並行不悖的局面。穿著中西裝都戴禮帽，被認為是最莊重的服飾。二十年代前後出現中山裝，逐漸在城市普及。廣大農村一直沿用傳統的襖褲，頭戴氈帽或斗笠[1]，腳著自家縫納的布鞋。

女裝：辛亥革命帶來了多樣化，一身襖褲之外，又多穿襖裙套裝。二十年代開始，婦女喜愛上由滿族女裝演變而來的旗袍。其工藝由清末的煩瑣趨至簡捷，鑲、嵌、緄、宕[2]都愈顯藝術之美。尤其是造型上逐漸收緊腰身，突出人體曲綫美，這使旗袍逐漸成為時裝且不衰。一九二九年，民國政府規定藍色六紐旗袍為婦女禮服，後經三十至四十

1 **斗笠**：笠帽，又稱笠子。從《詩經・小雅・無羊》「何簑何笠」、《國語》「簦笠相望」分析，斗笠作為雨具，至遲出現於西元前五世紀初。斗笠至今有用，以材質分有箬笠（竹笠）、草笠（草梗笠）、氈笠（毛氈笠）和雨林地帶的雨笠（棕笠）。

2 **鑲、嵌、緄、宕**：緄，緄帶，織帶；近人章炳麟《新方言》認為，凡織帶皆可以為衣服緣邊，故為緄邊。鑲、嵌、緄、宕為服裝加工傳統工藝，因「滾」與「緄」音通，「盪」與「宕」義通，現也寫作「鑲、嵌、滾、盪」。

紅地繡花套裙

彩繡高領襖（上）和圓襬大袖短襖（下）

年代的不斷革新，旗袍的長短、領袖都多有變化，而且出現中西合璧之妙，終於成為民族的典型服裝。

進入三十年代，婦女裝飾之風看盛，外國紡織衣料源源輸入海口，催行起種種時裝，如大衣、馬甲、披風、西裙都在沿海成為時尚女裝。上海的大開放使其成了女人的「時裝中心」，報章雜誌開闢專欄，還約請著名畫家設計新裝，時裝表演也進入大城市視野。這時上海男裝西服在教師、學生、機關和洋行辦事員的青年人群中已較普遍。但整個狀況，如一般市民和商店店員，尤其老年人，還是穿中裝者居多，只是馬褂不再盛行。

至中華人民共和國成立前，畢竟處於半封建半殖民地窘況，百姓的衣裳鞋帽城鄉懸殊，廣大農村既難足食，亦難豐衣。即使在城市，有精力財力講究穿著的中產人家也為數不多，一般如果衣著四季，或能衣式仿新，就算不錯了。所以四十年代文化女性以及電影明星的新妝必被視為時髦，總會在城市的某些階層引起效仿。

中華人民共和國成立後，百廢待興，人民致力國家建設，服飾崇尚簡樸實用。五十至七十年代，中山裝漸成男子主體服裝，此外流行過軍便裝、人民裝；女裝受蘇聯影

二十世紀上半葉的漁夫（右）、手工業工人（中）和郵差（左）

傳世嵌寶手鐲

清末闊邊彩繡旗袍

二十世紀二十年代曲襟彩繡旗袍

響，連衣裙風靡城市，此外還流行過列寧裝等。但在農村，上衣下褲一直是大多數農民的傳統裝束。一九七八年後，中國實行改革開放政策，體現時代精神、具有中華民族特色的服飾如雨後春筍般發展起來，面貌簇新。

二十世紀三十年代前後的旗袍時裝女性（《良友》畫報）

後記

關於《中國服飾史》的故人故事

好多喜愛服飾文化的朋友，如今知道了沈從文在中國服裝歷史研究上的開山地位，可能不見得知道他曾為《中國大百科全書》撰寫過詞條：《中國服飾史》。現在奉獻給讀者的這本書，文字上大體就是那個條目的原始面貌。十幾年前，我曾編輯過那個詞條，今天，又應花生文庫王瑞智先生的邀請，來做這本書的編輯整理工作。詞條和書署名都是沈從文、王㐨。本書扉頁已請讀者留意：王㐨，作為沈從文助手，也無愧擁有「中國服飾文化研究奠基人」的光榮。下面就來講一講這本書背後的故事。

先想對大家說明，《中國服飾史》可能是沈從文先生最後留給我們的一點文字方面的紀念，是由王孖先生來執筆的。沈先生當時已力不從心，書中選材，以及表述角度、把握分寸，都只能口述。王孖的勞動就更顯重要。王孖是文物考古學家、鑒定家，長年奔波積勞成疾，給《中國大百科全書》寫詞條的後期，已沉疴染身。為了讓他活下來、堅持住，醫院一趟趟給他做「透析」。

早在一九六四年，周恩來總理希望有一部追溯輝煌的中國服飾史書，任務就交給了沈從文先生。歷經多年多種磨難——尤其十年「文革」劫難，周總理的願望終於變成了一九八一年由香港出版的《中國古代服飾研究》。然而這是一部皇皇巨著，製作精美，原本印數也不大，作為國禮贈品和圖書藏珍無疑都很上檔次，若從社會推廣方面來看，大概是有所不便的。

《中國大百科全書》是普及功能較強的大型工具書。服裝學科內容的編纂，在一九八六年開春啟動，當時就有《中國服飾史》條目設置，理想撰稿人當然是沈從文先生。不過我知道，沈先生一九八三年握筆已感吃力，漸漸地半身不遂。《中國大百科全書》相關主任編輯陳廣田先生問：「王孖是不是可以寫？」

生活中有奇遇和巧合，有偶然。我從山東一工廠來北京參加編纂《中國大百科全書》，現在確定撰稿人說到王孖說到沈從文，同事中只有我見過他們，冷不丁讓人感覺奇怪。實因為舍弟王曉強曾有幸投到他們身邊，正好在做《中國古代服飾研究》增訂本的一些工作。

曉強在「文革」時離鄉避禍，「文革」後先跟張仃先生，又跟沈從文先生，實際是最早的「北漂」，爹娘擔憂十幾年，就命我到北京看看他。大約一九八一年，在朝陽門吉兆胡同一小院，進院拐進一個角，我找到「沈從文工作室」。曉強鋪張得很，佔了半個工作室，書啊、紙啊、卡片啊，滿桌子、滿架子，哪兒都是；對面一桌，更多的書籍、圖冊和種種資料，都摞著碼著，整整齊齊，曉強說：「王孖的。」王孖和王亞蓉聽說我到了，趕了來。我一看就明白，亞蓉果然大美人，王孖兄果然大好人。中國社會科學院梅益先生，歷史所張政烺先生、李學勤先生，一幫大長者、大名家多方奔忙，好不容易請青島市委通融「出借」王曉強，曉強原屬工廠卻把一份「合同」——其實是不平等出租條約——甩給了王抒。為了《中國古代服飾研究》增訂本，王抒答應了，可見他是多麼老實厚道的一個人。用亞蓉的話說：「整個一換大米的！」

可是，華僑出身的陳廣田與王抒「幸會」，就說：「這個『換大米的』倒是個學問家，史條給他最放心。」《中國大百科全書》的重頭條目《中國服飾史》，當時多有請纓者，或託人來「要任務」。請王抒撰寫《中國服飾史》並非由於熟人，而是因為沈從文先生、王抒先生以實事求是的治學態度，採用文物與文獻結合印證的方法，對中國古代服飾制度的沿革及其與當時社會物質生活、意識形態的關係，做了廣泛深入的探討。一九八二年江陵馬山楚墓的發掘明顯反映出王抒在文物學問上的卓越不凡，《中國古代服飾研究》和他的有關考古發掘報告足以說明他是《中國服飾史》詞條撰寫的最佳人選。

王抒非常鄭重地接了這個條目，非常仔細地瞭解了《中國大百科全書》的體例要求。轉天，他來電話：「沈先生聽說我接了《中國服飾史》，非常高興，張先生（沈夫人張兆和）也破例讓沈先生長時間地講了意見。許多意見，主要一個『即使從商代到民國三千年的服飾也太豐富，如何疏而不漏』，再一個『如何來斷代』及『斷代怎樣寫』。」王抒說，想主要從服飾制度和衣裳制式兩方面來寫，寫這兩方面，最能反映多變社會，最能表示民族文化。關於「斷代」，如秦漢結合著寫，明清對照著寫，如春秋戰國單挑寫百花齊放，隋唐五代聯繫寫繁榮隆盛等，不千篇一律，但也非故弄玄虛。有沈從文先生構思，我來編這個條目就佔了大便宜了。

王㐨說：「沈先生對工具書的一個條目這麼認真，看得出寫好它多麼重要。」又說：「張先生說沈先生看重這件事，一年前就對王曉梵說過，怎麼這麼久才提起來？」王㐨就想請沈從文上名字，讓我請示《中國大百科全書》領導同意不同意，以便再尊重沈先生意見。記得我當場喊：「天，不用請示了，不請示一百個同意，請示了一百個歡呼。」很快，王㐨告訴我們：「沈先生聽了，滿臉笑，滿臉光彩！」

我以為有王㐨，又有了沈先生，我在這個條目上可以高枕無憂了。誰知節外生枝，問題接二連三，首先是篇幅有問題，王㐨初稿的《中國服飾史》超過了三萬字，圖太多，也多佔了版面，超出了《中國大百科全書》條目的字數限制。王㐨不得不為此壓縮文字。他習慣推倒重來，一個字一個字從頭爬格子，苦。還有，更要緊的，有的先生說，這個稿子主要問題還不是長，而是：這是寫「服飾史」不是「考古史」；再說那個《中國古代服飾研究》也不是史。這些話裏我怕有些言外之意了，似說沈從文他們分析文物、排比資料還行，但編年、斷代、修史不行，尤其在一些說不太明白的地方更是不行。有人開始指著王孖的稿子責問：「唐代袒胸露乳是公認的開放和進步，這怎麼不寫？宋代受程朱理學影響保守退步，又怎麼不說？」對這些問題，我的觀點是：如果有專著論述或難以駁詰，不是不可以作為一種歧義或立論在文中提到；但如果硬要扯上政治哲學思想等，不是治學的正道。當時，我舉例說，描述宋代女裝，應當想一想沈先生為什麼用了「時裝」的字眼兒。至於程學影響，即使有，大宋已日薄西山了，何苦以偏概全！值得注意的是，它恰反引起宋末紈絝子弟心理逆反，這才有了說怪不怪的鄙稱——「奇裝異服」。還有朱熹，不只理學，即使在服裝上也有好見地，如簡約平居，如婚禮假服……不料不等說完，有人就喊：「這個朱熹！他命令婦女包小腳，毛主席最恨他，應當千刀萬剮！」真叫人哭笑不得。

一九八八年，有「學者」自己動起手來。辦法是，把現成的書打散，再集合，湊成了一個四不像的臃腫「史條」，仍叫我來「捏」。關於服飾史，當時已出版了幾個大部頭，我以為沈從文先生的《中國古代服飾研究》，是最有價值的學術著作。價值在於採用「用文物證典籍」的研究方法，不是那種「引經據典」閱讀傳承的「學問」，更不是那種可以打散了再重組的東西。此外，古來作家撰史，情采可知可見，況沈從文乎。

《中國服飾史》條目編寫中的歧見日趨明顯，曠日持久的爭論喋喋不休。鑒於此，甘肅王仲純先生和遼寧郝連德先生約上我，三人上書中國大百科全書出版社，對個別編委的失誤提出批評，申明「先文物、後典籍、不想像」的原則，要求起用王孖執筆的稿子。

直接管我們這個分支的編輯賈毅把王孖撰寫的稿子打開，隨著清秀的字跡，好像一邊參觀著服飾博物館，一邊把握了歷史脈絡，而且文筆簡練，少有筆誤，不像謅作的大作、力作，竟錯別字直撲眼簾。賈毅立刻拍板：「就是王孖了！」

後來，仍有人以《中國服飾史》條目中「近現代服飾」闕如，指望把名字綴在沈、王之間。我作為剛被確補的分支副主編，寸步不讓，對該條目「擅自」一編到底，遂請蘭州學者、詩人李生春先生補幾百字，生春先生表示不具名，說：「中國服飾史的研究，大家只認沈從文！」

一九八九年春夏之交甫過，王仲純得知《中國服飾史》撰稿人已經確定沈從文和王㐨，並聽說我希望召集編審會，審定與《中國大百科全書》服裝分支有關的全部文稿圖稿。仲純領導的甘肅省服裝總公司欣然資助《中國大百科全書》小組赴蘭州舉行擴大編審會。仲純還親自去蘭州機場迎接王㐨先生。幾天的編審會上固然仍有論爭，但有白崇禮、包銘新、呂逸華等教授的錚錚執言，王仲純也幾次霍地站起來直言不諱，會議總算順利。尤其《中國服飾史》條目外的諸多難題也迎刃而解了。這就是載於《中國大百科全書》的《中國服飾史》。

記得當時，看到最初王㐨執筆的一大本，變成不足兩萬字的定稿，不免有些遺憾，有人說作為大百科全書的一個條目，聊供檢索，當然也算可以，如果再豐富一些，就可以出個單行本了。由於我的編輯水準不高，還有專業校對的疏忽，《中國服飾史》詞條隨書面世，居然有錯漏藏留，我汗顏無地，總盼一個機會加以訂正。不曾想今天圓了我的夢，也圓了不少朋友的夢。

王㐨交我經手的底稿可能有四種。原來三萬多字的初稿估計已喪失在我手。我因參加《中國大百科全書》的編輯工作到北京，至今已逾十八年，其中退休前的十五年居無定所，在十一次大搬家中，圖書文稿每有散佚，但失去王㐨兄的手稿我是有罪的。幸虧做博物館長的王㐨女兒王丹向我提供了一個複印件。上面還可見到「曉梵：原稿用後可否退還給我！王㐨」等字樣；時間，一月十六日，但年份不清，我回憶是沈從文先生仙逝那年，即一九八八年。可能是第三稿。憑著這個稿，初稿的字句雖然不敢說完全無缺，但大體都浮上腦海，而且我也就坐在了吾兄王㐨面前。故人活了，有些細節也活了。一部《中國服飾史》的圖畫豐富與否，對讀者也相當重要，因此我一邊整理補齊文字，一邊補配精當的插圖，於是就有了今天的這本《中國服飾史》。當然有些圖畫編排，不禁揣思沈先生並王㐨兄的在天之靈，如紗冠沿革綜編在明代結束，想暗含漢民族冠服制度的收束；皇帝禮服甩排給清朝滅亡，則隱喻封建等級觀念就此消亡。近代的圖片則敬賴周汛老師、春明先生，我心存感激。在我看來，這本書既是那部國禮贈品的濃縮本，又是一部可以根據書中斷代，檢閱華夏服飾的工具書。

我今天的工作不知能不能彌補從前的過失，也不知王瑸兄能不能原諒乃弟。但我知道，我一生朋友之中，找不出任何醜陋的人，王瑸是一個。

王曉梵

二〇〇四年四月四日

編後記

《中國服飾史》主要由沈從文口述、王孖執筆、王曉梵編輯整理，陝西師範大學出版社於二〇〇四年首次出版。二〇一八年，北京地理全景知識產權管理有限公司在二〇〇四年版的基礎上加以校訂，調整配圖，並重新進行了裝幀設計，並在中信出版社出版。本版是在二〇一八年版的基礎上，經重新校訂、配圖、設計，所推出的繁體中文版本。

本書的作者及王曉梵老師皆已長逝，值此新版推出之際，特向各位前輩獻上誠摯的敬意和懷念。

編輯謹識

二〇二〇年十二月四日

A History of Chinese Clothing

中國服飾史

沈從文 王㐨……著

責任編輯 蘇健偉
書籍設計 a_kun
出版 三聯書店（香港）有限公司
香港北角英皇道四九九號北角工業大廈二十樓
Joint Publishing (H.K.) Co., Ltd.
20/F., North Point Industrial Building,
499 King's Road, North Point, Hong Kong
香港發行 香港聯合書刊物流有限公司
香港新界荃灣德士古道二二〇至二四八號十六樓
印刷 寶華數碼印刷有限公司
香港柴灣吉勝街四十五號四樓A室
版次 二〇二〇年十二月香港第一版第一次印刷
二〇二四年一月香港第一版第二次印刷
規格 三十二開（130×190 mm）二六四面
國際書號 ISBN 978-962-04-4601-6
© 2020 Joint Publishing (H.K.) Co., Ltd.
Published & Printed in Hong Kong, China.

© 沈從文、王㐨 2018
本書中文繁體版由北京地理全景知識產權管理有限責任公司通過中信出版集團股份有限公司授權三聯書店（香港）有限公司在香港澳門台灣地區獨家出版發行。
ALL RIGHTS RESERVED